历史的丰碑

丛书

文学艺术家卷

世界乐圣
贝多芬

乔书田　编著

吉林人民出版社

图书在版编目(CIP)数据

世界乐圣——贝多芬 / 乔书田编著 . -- 长春 : 吉
林人民出版社 , 2011.4 (2021.8 重印)
(历史的丰碑丛书)
ISBN 978-7-206-07646-6

Ⅰ . ①世… Ⅱ . ①乔… Ⅲ . ①贝多芬，L.V.（1770 ～
1827）—生平事迹—青年读物②贝多芬，
L.V.（1770 ～ 1827）—生平事迹—少年读物 Ⅳ .
① K835.165.76-49

中国版本图书馆 CIP 数据核字 (2011) 第 037473 号

世界乐圣 贝多芬

SHIJIE YUESHENG BEIDUOFEN

编　　著 : 乔书田
责任编辑 : 孟广霞　　　　　封面设计 : 孙浩瀚
制　　作 : 吉林人民出版社图文设计印务中心
吉林人民出版社出版 发行 (长春市人民大街7548号　邮政编码 : 130022)
印　　刷 : 北京一鑫印务有限责任公司
开　　本 : 787mm×1092mm　1/16
印　　张 : 8　　　　　　　字　数 : 72千字
标准书号 : ISBN 978-7-206-07646-6
版　　次 : 2011年4月第1版　印　次 : 2021年8月第2次印刷
定　　价 : 35.00 元

编者的话

"欲知大道，必先为史"。

回溯人类的足迹，人们首先看到的总是那些在其各自背景和时点上标志着社会高度和进步里程的伟大人物。他们是历史的丰碑，是后世之鉴。

黑格尔说："无疑，一个时代的杰出个人是特性，一般说来，就反映了这个时代的总的精神。"普希金说："跟随伟大人物的思想是一门引人入胜的科学。"

以史为鉴，面向未来。作为21世纪的继往开来者，我们觉得，在知史基础上具有宽广的知识结构、开阔的胸襟和敏锐的洞察力应是首要的素质要求，而在历史的大背景中追寻丰碑人物的思想、风范和足迹，应是知史的捷径。

考虑到现代人时间的宝贵，我们期盼以尽量精短的篇幅容纳尽量丰富的信息，展现尽量宏大的历史画卷和历史规律。为此，我们编撰了这套丛书。

编撰丛书的过程，也是纵览历代风云、伴随伟人心路、吸收历史营养的过程。沉心于书页，我们随处感受着各历史时期伟大人物所体现的推动历史进步的人类征服力量。我们随着伟人命运及事业的坎坷与辉煌而悲喜，为他们思想的深邃精湛、行为的大气脱俗而会意感慨、拍案叫绝。

然而，在思想开始远游和精神获得享受的同时，我们也随之感受到历史脚步的沉重和历史过程的曲折。社会每前进一步都是艰难的，都伴随着巨大的痛苦和付出。历史的伟大在于它最终走向进步，最终在血污中诞生了鲜活的"婴孩"。

历史有继承性和局限性，不能凭空创造。伟人也有血肉，他们的思想、行为因此注定了同样具有历史的局限性和阶级的、时代的烙印；他们的功业建立于千千万万广大人民群众伟大创造的基础上。历史是人民群众创造的，伟大的人物们是历史和时代造就的。同时，我们也无法否定此间他们个人的努力。这也正是我们编撰这套丛书的目的。

我们期盼着这套丛书得到社会的认同，对读者，特别是青少年读者之历史感、成就感和使命感的培养有所裨益。史海浩瀚，群星璀璨。我们以对广大青少年读者负责的精神，精心遴选，以助力青少年成长进步，集结出版了《历史的丰碑》系列丛书，敬请读者批评、指正。

历史的丰碑丛书

编 委 会

策 划： 胡维革　吴铁光

　　　　 林　巍　　冯子龙

主 编： 胡维革　邢万生

副主编： 贾淑文　谷艳秋

编 委：（按姓氏笔画为序）

　　　　 于二辉　刘士琳

　　　　 刘文辉　孙建军

　　　　 李艳萍　吴兰萍

　　　　 杨九屹　隋　军

路德维希·梵·贝多芬，是一个艺术家，又是一个崇高的人。他不仅是欧洲音乐史上的大师，也是世界文化史上的巨人。他给后人留下了极其丰富的不朽的音乐遗产，他的作品充满了对人类的爱和为崇高目标进行英勇斗争的精神。

　　贝多芬的一生，贫病交加，历尽磨难。但任何力量都未能摧垮他的坚强意志和对艺术的执着追求。他的"我要扼住命运的咽喉。它决不能使我完全屈服。能把生命活上千百次真是多美"的名言，像他的一部部伟大而不朽的音乐篇章一样，鼓舞着一代代的音乐人和后来者。

目　录

历史的丰碑丛书

贝多芬与他的父亲

> 　　我们这些拥有无限精神和有限生命的人，就是为了战胜痛苦和赢得欢乐而生的。即使是最伟大的人物，也只有通过痛苦才能得到欢乐。
>
> 　　　　　　　　　　——贝多芬

　　宽宽的肩膀，矮小的个子，运动员般结实的体魄；由于得过天花，微微泛红的脸上留有一些疤痕；额角

→贝多芬像

荷兰国花

隆起，长长的头发又黑又浓；短而方的鼻子棱角分明；灰蓝色的大眼睛发出狮子般的光芒；冷漠的嘴角紧闭着。这是一张不会笑，一旦笑起来又很迷人的脸。这就是贝多芬。

　　翻开贝多芬的家谱，我们发现，他的祖先曾经居住在荷兰的阿姆斯特丹。他的曾祖父是一个手艺精湛的面包作坊的大师傅，拥有数万家产。但后来生意破产，为躲债，逃到德国的波恩。在这里，其子路特维希——也就是贝多芬的祖父，没有继承父业，而是成了一名流浪音乐家。后来，他在波恩选帝侯（即有权选举皇帝的诸侯）的教堂里做了一名歌手，生活才算

安定下来。尽管他是一个弗来米人（日耳曼语系民族的一支）的后裔，但经过几年的艰苦努力，他谋到了当时颇为令人瞩目的乐队指挥的职位，并在波恩开设了两家酒馆，专卖著名的莱茵葡萄酒。这个路特维希的儿子约翰·贝多芬，便是我们这里要讲述的乐圣、命运斗士贝多芬的父亲。

当时，位于莱茵河畔的波恩是德国启蒙运动的中心之一。城里有 8 000 居民，而公爵手下的那些乐师们，是最贫穷的一帮。他们共有 36 人，约翰就是其中之一，而且是最不起眼的一个。

贝多芬的母亲玛丽亚出生于一个名叫埃林布莱特的小县城，是个厨师领班的女儿。最初，她与宫廷侍

位于德国波恩的贝多芬住过的房子

者莱姆结了婚，但不久，莱姆去世了，她又与约翰·贝多芬再婚。正是由于有了这个结合，1770年12月17日，伟大的音乐家路德维希·贝多芬诞生了。

玛丽亚是个性情温柔的女性。对于贝多芬来说，她既是母亲，又是经常与他做游戏的伙伴和朋友。

贝多芬16岁时来到维也纳。正当他准备干一番事业的时候。突然传来母亲病重的消息。他立即扔下眼前的一切，迅速返回了波恩。从中可以看出，心地善良、给予贝多芬厚爱的母亲是多么的可亲可敬。

由于家庭贫困，贝多芬从小没能受到很好的教育。他的音乐天赋虽然使父亲意识到了儿子的价值，但是父亲没有培养天才的能力，这是与莫扎特的父亲完全不同的。但是，望子成龙，渴望自己的儿子能在人生道路上取得辉煌的成就，却是天下父亲共同的心愿。

1778年春天的一个傍晚，微风习习，忙碌了一天的波恩城呈现出一片安静祥和的景象。与此极不相称的，是房东费舍尔那张怒气冲冲的脸。他正站在大门口，等待着约翰·贝多芬先生回来。

费舍尔开着一家面包作坊。他每天夜里烤面包，只好白天睡觉。可自从贝多芬一家搬进来之后，他就没睡过一天好觉。在公爵府里做乐师兼男高音歌手的约翰·贝多芬，白天总是在练声、练乐，并教自己的

→波恩的商业街

儿子路德维希练琴。从早到晚，叮叮当当，没完没了。这才几天，就搞得费舍尔头昏脑涨，两眼红肿。他实在忍无可忍了，最后，不得不下决心把他们赶走。

　　"我要不开这个面包作坊，也许会另眼看待你们，我的约翰先生。你们是夜里睡觉，白天工作。可我不行，我要在夜里烤面包，只好白天睡觉。您从早到晚搞您那玩意儿，吵得我根本……"费舍尔无可奈何地摇摇头，接着说，"更别提那楼梯上来来往往的脚步声了，约翰先生，我实在受不了啦，还是请您另找住处吧！"

　　酒气熏天的约翰，面红耳赤，两眼无神。他舌头僵硬地对面包师说："您听说……听说过莫扎特这个名字吗？您听过……他……他的演奏吗？"

"这……"费舍尔一时不知怎么回答好。

"莫扎特可真是个神童,他7岁就征服了全欧洲。在巴黎为国王演奏,在伦敦为女王演奏。他不仅钢琴弹得好,而且还能作曲。14年前,我在波恩听过他的演奏,他使所有在场的人都目瞪口呆。当时,全维也纳人没有一个不崇拜他。"

约翰长吸一口气,只管往下说:"您知道我为什么跟您说这些吗?莫扎特当年住过的房子,现在已经成为纪念馆了。对房东来说,这是多大的荣耀啊!可您现在却要放弃这到手的荣耀,把一个天才赶走……"

"贝多芬先生,您一定是又喝醉了。我并没有赶走什么天才,我根本就没有见过什么莫扎特。"面包师快让他搞糊涂了。

"怎么,您没听懂我的话?我在说我的儿子路德维希。他可是一个比莫扎特还要聪明的神童,用不了多久他就会闻名全世界。您看,他就要举行演奏会了。"说着,约翰把攥在手中的一张海报打开,指着上面的字句念道:"宫廷男高音歌手约翰·贝多芬将于3月26日组织演出一场音乐会,届时将向各位介绍两位出色的学生:一位是女中音歌手阿维尔顿小姐;一位是自己6岁的儿子,路德维希·贝多芬……"

听到这里,费舍尔不解地问:"这海报一定是搞错

→ 儿时的贝多芬

了，我记得路德维希现在应该是7岁半了，怎么才6岁？"

"这您就不懂了。"约翰神秘分分地说，"神童的年龄当然是越小越好了。"

"这不是在……"

约翰不让费舍尔说完，就打断了他的话："等他获得了成功，您这座房子，就会大大风光起来，格外受人尊敬。"

"我不想什么风光，也不想什么荣耀，我只想好好睡上一觉。"面包师苦苦哀求着。

　　"这很简单，我们尽量搞得轻一点，或干脆弹摇篮曲。"

　　"那就拜托您了！约翰先生！"面包师说完这句话，无可奈何地走开了。

　　其实，费舍尔还是很喜欢小路德维希的。他发现这是一个与众不同的孩子。尽管他有时候也很淘气，可他才7岁啊。他所看重的，是小路德维希严肃认真的表情。目光深沉，简直像个成年人。他会长时间地凝视远方，一动不动地站上半天，然后，突然调转头跑回自己的房间，在钢琴上弹出一些费舍尔从未听过的东西。他相信自己的眼力，他相信有朝一日这个孩子会有所作为的。从某种意义上说，他还有些可怜路德维希，天天泡在酒里的约翰对孩子的教育是极其粗

位于德国波恩的贝多芬铜像

野残暴的。他觉得小路德维希在承受着一个孩子所难以承受的虐待和折磨。正因为如此，有时他真不忍心把贝多芬一家赶走。

约翰摇摇晃晃地登上木楼梯，推开房门，走了进去。

妻子玛丽亚正在厨房里忙着。路德维希的两个弟弟小约翰和卡尔不知跑到哪里去了，只有路德维希还在练琴。

约翰还没等站稳，就把拿在手里的海报举起来，冲妻子喊道："海报印出来了，演奏会定在星期六举行。"

玛丽亚睁开有些疲惫的眼睛，无精打采地扫了一眼海报，就又忙自己的活去了。

约翰脱掉外衣，一边大声吩咐："把定做的礼服拿出来。"一边转身对着邻室喊："路德维希，到这儿来！"

琴声戛然而止。过了一会儿，路德维希慢吞吞地出现在门口，脸上一副极不情愿的样子。

"噢，孩子，快把你的晚礼服穿上，你知道，我给你带回来什么了？"

望着默不作声的路德维希，站在一旁的玛丽亚不耐烦地说："中午不是试过了吗？你又让他试什么？"

位于德国波恩的贝多芬故居

约翰固执地摆着手，说："一会儿你就明白了。"

玛丽亚只好帮着路德维希换上那条紧身裤和绿色小燕尾服，然后，戴上烫有许多发卷的白色假发。站在一边的约翰笑眯眯地走到路德维希跟前，唠叨着："你知道我给你带来了什么？从剧院里借到它，可是好大面子呀。"

说着，他从怀里摸出一把精致的金色小佩剑，在路德维希眼前晃了晃，挂在了他的身上。然后，向后退了几步，端详着。

"真是好极了！路德维希，你知道，当年小莫扎特就是这副样子出现在贵族面前的，真是好极了！"约翰转脸对妻子说，"你觉得怎么样？路德维希会一举成

名的，我们就要有钱了，大把大把的钱。"

玛丽亚无可奈何地摇着头。心想，这哪像个四十多岁的人。这时，小路德维希说话了。

"我不喜欢这衣服。"

"为什么？"父亲感到很意外。

"我觉得……我觉得我像只猴子。"

"什么？你说什么？"

"前几天，一位流浪乐师到学校里来，就牵了这么一只猴子，打扮得跟我现在一模一样。"

"胡说！岂有此理！"约翰吼了起来，"你知道什

→波恩的主教堂

么?! 把衣服脱下来，赶紧给我练琴去。"

"我想出去玩玩。"孩子央求道。

"不行! 演奏会之前一天也不许出去!"

"可孩子已经练了一天了，就让他出去玩玩吧!"母亲也帮着央求。

"好吧，一会儿我检查一下你今天的练习曲目，如果没有错的话……"

没等父亲说完，路德维希便脱下那套礼服，转身回了自己的房间。他知道，父亲的话意味着什么，整个晚上他都不可能离开钢琴了。因为在父亲面前，他的演奏是从来不会没有差错的。

坐在钢琴前，可路德维希的目光却移向了窗外。他凝视着远处平静的莱茵河和绿色的山峦、丛林，渐渐地弹奏起他心中想弹的旋律，思绪也随着那旋律化作一只小鸟，在天空中飞翔……

门被重重地撞开了，满脸怒气的父亲站在门口，大声吼道："我说过，不许弹这些乱七八糟的东西!"手里还攥着一只酒杯。

"这不是乱七八糟的东西，是我自己编的曲子。"路德维希勇敢地争辩道。

"你会编什么曲子?"父亲揶揄道，"演奏会的曲子呢? 你都练熟了吗?"

路德维希不再吭声。

看到儿子不吭声，他却急不可耐地说："好吧，你不说，我替你说，还差得远！你给我反复练习演奏会的曲子，不到半夜不许离开钢琴一步。"

父亲走了，门在外面被反锁上了。路德维希坐在那里，委屈的泪水顺着面颊滚落下来。一个7岁的孩子，得不到游戏的自由，得不到与朋友在一起的欢乐，是多大的不幸啊！这不是一天两天，而是长年如一日啊。可是，他坚持着，连续不断地弹奏着。

夜深了，只有路德维希那孤独的琴声，在那间小屋里，在星光悠悠的天空中回响……

路德维希的演奏会并没有取得多大成功。这位"6岁神童"也没能引起人们多大注意。这使父亲十分伤心。

从那以后，每天烂醉如泥的约翰不再关心儿子的练琴。他把全部精力都放在了手中的酒瓶子上。值得庆幸的是，也正是从那时起，路德维希·贝多芬却从心里真正迷上了音乐。

贝多芬与他的启蒙老师

要使山谷肥沃，就得经常栽树。
——居里

路德维希喜欢莱茵河畔的风光。他经常到莱茵河畔，欣赏那里的山川树木，鸟语花香。在那里，古城墙的庄严，教堂的钟声，以及落日余晖的绚丽，都使他流连忘返，也使他心灵受到深深的陶冶。

←莱茵河——欧洲的「黄金水道」

今天，这片美丽的景色中，似乎又增添了几分新意，其实，是他的心情与往日不同。他在这里，正等着自己的启蒙老师——3年前随着一个流动剧团来到波恩，在波恩宫廷里当了管风琴师的克里斯蒂安·古德罗普·内弗先生。他要请内弗老师到他家里去，参加母亲的生日晚会。

天已经黑了，可内弗还没有来，他不免有些怅然。家里人都在等他，他也要马上回去了。

两个宽敞的大房间里，灯火通明。每个房间都点着12支蜡烛。那些三叉烛台都是从邻居家借来的。房间布置得整洁典雅。钢琴被搬到了门口，旁边摆着乐师们用的谱架。

客人们已经到齐了，他们大多是宫廷乐队或合唱队中贝多芬夫妇的老朋友。令路德维希惊喜的是，内弗老师已经坐在那里了。他正向着路德维希点头微笑。

路德维希急忙走过去，高兴地说："谢谢您能来参加母亲的生日晚会。"

头戴假发、身穿深色礼服的内弗，笑着把一个黄色大信封递给路德维希，并悄声说："这是送给你母亲的礼物，请你转交吧。"

说完，内弗领着乐师们奏起了一支明快的小夜曲。

←莱茵河畔的风光

在音乐与客人们的掌声中，穿着"节日盛装"的父亲，挽着母亲的手臂，缓缓走了进来。母亲穿着长长的绸裙，戴着绣花长手套。在这么多客人面前，她显得有些拘谨。可在路德维希眼里，母亲是那么温柔和蔼、姿态宜人。

她走到一把祖传的用鲜花点缀着的皮椅跟前，坐了下来。身后的墙上挂着路德维希祖父的画像。父亲把一束鲜花和祝福的亲吻献给母亲。客人们也纷纷走上前去，祝福女主人生日快乐。

路德维希和弟弟们站在母亲身边，看到这动人的情景，心里十分激动。他多想自己也能像成人一样，郑重其事地给母亲以衷心的祝福啊！可是，他实在想不出应该说些什么，紧张令他忘记了已经准备好的贺词。直到内弗走到他身后，轻轻推了推他，他才突然想起手中的黄信封。便急忙走到母亲面前，把它递到了母亲手中。

母亲望着涨红了脸的儿子，慈祥地笑了。她打开信封，从里边取出一本乐谱来。她认真地看着，突然，眼睛里闪起了泪花。她一把把路德维希拉到身边，紧紧地搂在了怀里。

"孩子，这多让人高兴啊，你怎么不早说。"

"什么事？妈妈？"

→贝多芬手稿

"你看。"

这时，路德维希才看到，那本乐谱上，清晰地印着："献给我的母亲玛丽亚——路德维希·梵·贝多芬。"他十分惊奇，这到底是怎么回事？他回过头去寻找着，四处寻找着，他想问问送给他这个信封的内弗老师，这到底是怎么回事？

突然，他想起来了。那还是几个月前，他把自己创作的一首《变奏曲》，弹给内弗老师听，想征求一下他的意见。没想到，内弗老师听后，非常高兴。他硬要路德维希把谱子抄给他……可万万没有想到，几个月以后，自己的作品居然印刷出版了。这是多么令人惊喜的事啊！要知道，就连在场的乐师们也不敢想自己的作品能公开出版，可如今这个奇迹却发生在一个12岁的孩子身上。少年贝多芬怎么能不兴奋，怎么能不激动呢？

"你应该把这首曲子弹给大家听听。"内弗微笑着把路德维希拉到了钢琴前。

在客人们的掌声中，路德维希已经不再感到紧张与恐慌了。他要把这首热情奔放的《变奏曲》献给慈祥的母亲，献给在座的客人们，献给自己的恩师内弗。

　　古城墙下，路德维希与内弗并肩坐在一个小山坡上，眺望着波光粼粼的莱茵河。这是师生二人经常来的地方。

　　"老师，谢谢您帮助了我。"路德维希动情地说，"您给我们全家带来了极大的欢乐。"

　　"可这份礼物是你送的，不是我，孩子。"内弗笑着说，"你是靠自己的才能争得了这份荣誉。"

　　"可我还是从心里感激您。"

　　远处，一个驼背老人正缓缓地向这边走来，他那又脏又大的旧燕尾服与短短的裤子，显得极不相称。一双破袜子已经看不出是什么颜色。

　　"你认识他吗？"内弗指着那位老人问。

　　"大家都说他是个音乐疯子，不管走到哪儿，手里总是拿着一根指挥棒。"路德维希回答。

　　内弗久久地凝视着那位老人，没再说什么。可是，过了片刻，他又开口道："你知道他是怎么成为现在这副样子的吗？"

　　路德维希使劲摇了摇头。

　　"他也曾是一位优秀的宫廷乐师，年轻时，他也有过春风得意的时候，可是……唉！"内弗叹了口气，把视线移向了更远的钟楼。

　　"老师，您说呀，后来怎么了？"路德维希催促着。

　　"我想说，路德维希，我想说的是，你以为人们会像需要面包一样需要音乐吗？不，不是的。也许真的到了那一天，这世界就不是现在这个样子了。"

　　这个问题对小路德维希来说，似乎太深奥了一点，他感到无从回答。

　　"噢，对不起，孩子。"内弗歉疚地笑了笑，然后，换了一种方式说，"其实，我是不希望你继续学习音乐的，尽管我为有你这样一个有才华的学生感到骄傲。可我希望你能学一门实实在在的手艺，比如说厨师，或裁缝什么的，总之，我希望不要做一个依附于宫廷贵族的乐师。"

波恩的主教堂

　　"可是，老师，您不就是一位宫廷乐师吗？而且是一位出色的宫廷乐师。"

　　"不！"内弗凝视着孩子那张迷惑的脸说，"其实，我是公爵手下的一个仆人，为此，我感到惭愧，也为我的音乐感到惭愧。我希望你不要走我的路。"

　　"那……我该怎么办呢？老师，您知道，我是多么希望能成为一个音乐家呀！"

　　"如果是这样，就发誓，成为一个具有伟大人格的音乐家，不仅不能依附于宫廷，反而要让他们拜伏于你的脚下。只有这样，你才能摆脱掉被奴役的地位，才能受到世人的尊敬。"

　　"是这样吗？"

　　"是这样。"

　　内弗的话在小路德维希心里引起了强烈震颤。他明白老师的用心，也清楚老师在努力告诫他的是什么。可面对生活的现实，他又有些茫然不知所措。

　　"老师，您说我能成为那样的音乐家吗？"

　　"这正是我要问你的，孩子。"内弗的表情突然变得严肃起来，"你是有才华的，可在这个世界上，要想把自己的才华变为成就，就必须有一种精神的力量来支撑你。那就是在贵族面前不低头，在困难面前不退缩的精神。也就是说，你必须用'才华、恒心和自信'

三根支柱，把你的人生支撑起来。如果其中有一根支柱倒塌了，你的人生就会发生倾斜。你懂我的意思吗?"

路德维希点了点头，目光里充满了对老师的崇敬之情。

"我也是这几年才明白这个道理的，可惜，太晚了，我希望你不要走我的路。"

路德维希看到内弗的脸上掠过一丝苦涩的笑。

莱茵河依然在静静地流淌，夕阳的余晖依然那样动人，大自然似乎每天都在周而复始地重复着。然而，整个欧洲社会，却在酝酿着一场天翻地覆的变革。所有的欧洲人乃至整个世界，都把目光集中在了一块神圣的土地上——法国。人们关注着那里发生的一切。1789年，正是法兰西人吹响了资产阶级革命的第一声号角，他们把"自由、平等、博爱"的旗帜高高举了起来。

革命，像一场春风吹遍了整个欧洲，也吹到了波恩城。年轻的路德维希和所有的人一样，渴望着一个新时代的到来。

虽然路德维希只有14岁，可他在内弗老师的认真教诲下，全面学习掌握了巴赫的十二平均律作曲法，

→ 贝多芬故居

掌握了当时歌剧创作的许多重要技巧。他的才华得到了进一步发挥。与内弗老师在一起，他的精神世界也得到了很大充实。

夏天即将过去了。一天，他突然被召进宫，宫廷乐长荣幸地告诉他，他获得了助理管风琴师的职位，年俸150杜卡特（当时德国货币单位）。路德维希高兴极了，他按捺不住自己的激动心情，飞快地跑回家，要把这个消息尽快地告诉母亲，然后，再告诉内弗老师。

"我取得了助理管风琴师的职位，妈妈！"他刚说完这句话，就发现内弗老师也在。他正坐在钢琴边等着他。

　　"我真为你高兴，孩子。"母亲微笑着说。

　　路德维希慢慢地走到内弗跟前，他渴望得到老师的鼓励与支持。然而，他看到的却是内弗充满忧郁的表情。

　　"如果换个人的话，我会说，祝贺你，我的孩子。因为很多人都是由这个职位开始，一步步升到乐队指挥的。"内弗平静地说，"可是，对于你，路德维希，我担心这个职位会成为你事业的坟墓。"

　　"可是，他们答应一年给我150杜卡特，这对我们家来说，可是一笔不小的收入啊！"路德维希解释着。

　　"是啊，你父亲除了喝酒之外，什么都不管。这个家将来只有靠你了，孩子。"内弗突然停住了，他好像在想下面的话应该怎么说。

　　"可是，路德维希，你还不知道吧？他们要你做的是一个管风琴师应当做的全部工作，可给你的年薪却只有一个成年乐师的一半。这是不公平的。现在，你对于他们来说是有吸引力的。因为你年轻，又有才华。可是将来有一天，当他们感到不需要你时，也会像今天对待我一样，把你称为'平庸音乐家'，一脚踢开。"

　　"什么？他们对您说什么？"

　　"他们把内弗老师的薪水减掉了一半，然后，用这个钱来雇用你。"母亲的话像重锤一样，狠狠地敲打在路德维希的心上，"他们还告诉内弗老师，如果他不同意这样做的话，就……"

　　路德维希感到莫大耻辱，他感到对不起自己的恩师，愤怒的火焰在他心中熊熊燃烧起来。可这又能怨他吗？

　　"请原谅我，老师，我实在不知道是这么回事。我对不起您！我这就去城堡，告诉他们，我不干了！而且我还要说，内弗是我的恩师，是他培养我成为一名管风琴师的。他是一位优秀的音乐家，决不允许用

管风琴

'平庸'二字来诋毁他!"说完,路德维希夺门而出。

"站住!孩子,站住!"内弗追了出去。他一把抓住路德维希说,"别激动,孩子,你听我说。"

内弗严肃地把路德维希拉进房间,按他坐了下来。

"如果你真要帮我的话,你就装作对此事一无所知。在德国,我还是有信心再找到一个职位的。我会选择适当的时机这样做。"

"那我该怎么办,老师?"

"为了生活,为了这个家,你不能不要这150个杜卡特。可是,学习,不要忘了学习。继续深造下去是最重要的,我会尽力帮助你。"

还是那个古城墙,还是那个笼罩在夕阳下的迷人的小山坡,内弗指着报纸上的一段话,给路德维希看:"……如果这位天才坚持到底,持之以恒的话,无疑他将成为我们德国的骄傲,成为第二个沃尔夫冈·阿·莫扎特。"

"这张报纸提醒了我,路德维希。"内弗若有所思地说,"你该远走高飞了!"

路德维希睁大了眼睛,不知老师在说些什么。

"你应当离开波恩,到维也纳去,去找莫扎特。现在,只有他能教你。"

　　莫扎特！这可是路德维希在梦中都呼唤着的名字啊！他简直视莫扎特为"音乐之神"。可是，在内弗老师面前，他有一句话始终没能说出口，那就是，伟大的莫扎特会接受一个来自波恩的默默无闻的青年吗？

莫扎特像

相关链接
XIANGGUAN LIANJIE

变奏曲

是指主题及其一系列变化反复，并按照统一的艺术构思而组成的乐曲。"变奏"一词，源出拉丁语 variatio，原意是变化，意即主题的演变。从古老的固定低音变奏曲到近代的装饰变奏曲和自由变奏曲，所用的变奏手法各不相同。作曲家可新创主题，也可借用现成曲调。然后保持主题的基本骨架而加以自由发挥。手法有装饰变奏、对应变奏、曲调变奏、音型变奏、卡农变奏、和声变奏、特性变奏等。另外，还可以在拍子、速度、调性等方面加以变化而成一段变奏。变奏少则数段。多则数十段。变奏曲可作为独立的作品，也可作为大型作品的一个乐章。

管风琴

属于气鸣乐器，流传于欧洲的历史悠久的大型键盘乐器。管风琴是风琴的一种，不同的是风琴是通过脚踏鼓风装置吹动簧片使簧片振动来发音，而管风琴是靠铜制或木制音管来发音。管风琴音量洪大，气势雄伟，音色优美、庄重，并有多样化对比、能模仿管弦乐器效果，能演奏丰富的和声。

贝多芬与莫扎特

> 朋友们，请记住这个年轻人吧。用不了多久，全世界都会谈论他的。
>
> ——莫扎特

清晨，路德维希沿着笔直的威特大街向前走着。透过雾气，两旁的楼房依稀可辨。出了城门，绕过那作为城市界限的城墙，一片郊野景象隐约出现在了贝多芬的眼前。

他继续向前走着。天，阴沉沉的；地，湿漉漉的。周围布满了大大小小的水坑，见不到一个人。走着走着，

→莫扎特像

雾霭中出现一座公墓的影子。他加快脚步，来到院墙边。急匆匆穿过生了锈的大铁门，走了进去。这就是维也纳圣马尔克公墓。

公墓里，一排排形状各异的十字架整齐地排列在阴沉的雾气中。整个墓地显得阴森而凄凉。

看着眼前这一切，贝多芬心中油然而生悲怆之情。然而，更悲怆的一幕正在后面等着他。他在十字架间不停地奔走着。眼睛凑近每一个墓碑，尽可能地识别着上面的名字。

"先生，您找谁？"

贝多芬蓦地停住脚步。这时他才发现，一位衣衫褴褛、手执铁锹的掘墓老人正站在那里目不转睛地望

维也纳中央公墓，莫扎特、贝多芬、施特劳斯等全葬在这里。

着他。

"早上好！先生。"贝多芬礼貌地说，"我找莫扎特，一位音乐家。"

"莫扎特?！他埋在这里吗?"老人问。

"难道这里不是圣马尔克公墓?"

"是倒是。可这个莫扎特……我怎么从来没听说过？您知道，这里所有的墓碑我几乎都能背得出来。"

"可他是闻名全欧洲的音乐家呀，他的歌剧《魔笛》在维也纳已经演了两年了。"

"噢，您说的是他。我想起来了，前几天也有两个人来找他，不过，都不是维也纳人，是从国外来的。您……也是外国人吧?"

"我从波恩来。"

"噢。"老人叹口气说，"他不是埋在这里，他埋在了那边的公穴里。我劝您还是别找了。"

"为什么?"

"和叫花子葬在了一起，上哪儿找去呀?"

贝多芬觉得自己的嘴唇在颤抖，眼泪顺着面颊滚落了下来，但却没有一声哽咽。

回城的路上，贝多芬走得很慢。天渐渐地亮了，雾气也逐渐地消散了，他的神情却有些恍惚，耳边还不断回响着那位掘墓老人的声音："和叫花子葬在了一起，上哪儿找去呀？"

莫扎特的命运使贝多芬感到悲凉和震惊，他在往事堆积的高山上，苦苦地攀登着，追忆着……

那是1786年的夏天，他在启蒙老师内弗的倡导下，第一次来到维也纳，拜访莫扎特。当他踏进那座神奇的房子时，莫扎特正与自己的合作者、剧作家达·彭特为歌剧《唐·璜》的创作争执得不可开交。

"不管怎么说，您不该把唐·璜写成一个小丑。"莫扎特指责达·彭特，"这样做只能为观众取乐。"

"我只能这样做！《唐·璜》只能是部喜剧，您的

←莫扎特首次公开弹奏《唐·璜》

音乐也应该搞得更幽默诙谐些。"

莫扎特简直要跳起来了，他不停地挥动着拳头，大声吼着："我不想这样做！我只想把这部歌剧写得更真实，更贴近于生活，我要告诉人们什么是对的，什么是错的，我只能按我的想法去做！"

"那您就等于把我们的歌剧送进了坟墓！没有人会理解您的，到时候坐在剧场里喝彩的将只有我和您两个人。"

"不！绝不会是这样！您知道，这部歌剧是写给布拉格歌剧院的，捷克人对我的理解可以说超过了世界上其他任何地方。"

"可是，您……"

"请听我说完。我曾在布拉格郊外的一个小酒馆里遇到这么一件事。一群衣衫褴褛的普通手艺人，您知道他们在干什么？他们在演奏我的曲子，在演奏《费加罗的婚礼》。他们是那样的兴高采烈，我被他们感动得简直就要发疯了。"

"那好吧，我想……这是最清楚的，这对您来说意味着什么。"

这是一间不大的琴房。一架钢琴占去了它的大部分地方，就在这狭窄的空间里，莫扎特与达·彭特走来走去，不停地辩论着……

捷克布拉格的国家剧院，1787《唐·璜》在此上演。

这时，莫扎特的妻子康斯坦采走了进来。

"沃尔夫冈，有个年轻人想见你。"说着她把一张名片和一封信递给了莫扎特。

莫扎特看了看名片，皱起眉头说："路德维希·梵·贝多芬。梵……这不会是个男爵吧？"他把名片递给达·彭特，"您知道这个人吗？"

达·彭特摇了摇头说："人们到处都在赞扬，莫扎特是个心地善良的人，所以，都来找您。"

莫扎特笑了。他打开了信看着。

"噢！这是一个从波恩来的钢琴家，我想……我应该见见他。"

达·彭特无可奈何地走到钢琴边的一个角落里，坐了下来。他觉得莫扎特在这方面浪费的时间实在是

太多了，这很不值得。

　　路德维希·贝多芬怯生生地跟在康斯坦采身后，走了进来。

　　贝多芬是前一天晚上到达维也纳的，紧张的心情使他一夜没有睡好觉。今天一早，他便顺利地找到了莫扎特的住处。可他在门外徘徊了很长时间，最后，想到他来维也纳的目的和内弗老师对他的期望，才鼓起勇气叩响了大师家的门。

　　他站在莫扎特面前，显得有些局促不安。手不停地摸索着那件不大合体的大衣的衣襟。为了这次见面，他是一文钱一文钱的积攒，才买了一块最便宜的布料，为自己定做了一件水色燕尾服和这件短大衣。而今天这一切在风度翩翩的莫扎特面前，显得是那么可笑，那么寒酸。

　　"贝多芬先生，请允许我向您介绍我的朋友达·彭特先生。"莫扎特并没有注意他的外表，而是彬彬有礼地向他介绍说："我们正在合作写一部歌剧。我的《费加罗的婚礼》就是达·彭特先生写的脚本。"

　　"您好，先生。"贝多芬一边鞠躬，一边与达·彭特轻轻握了握手。

　　"我很欣赏您的勇气，年轻人。不过，我想您知道，大师的时间是非常宝贵的。"达·彭特毫不客气地

← 1835 《费加罗的婚礼》海报

提醒着贝多芬，"您有什么事？就赶快说吧。"

"我想……我想请大师听听我的演奏。"贝多芬试探地说。

"噢，原来是这样。"没等莫扎特说话，达·彭特又抢先说，"大师现在正和我一起赶写一部新歌剧，我们正在研究歌词与音乐之间的关系，我想今天无论如何是不可能的……"

虽然达·彭特的话没有丝毫夸张，可为了年轻的客人，莫扎特还是用手势打断了他。

"不！达·彭特先生，还是由我来解释吧。"

　　"我想……"一直没有作声的贝多芬喃喃地说，"我下次再来，行吗？"

　　望着贝多芬那恳求的目光，莫扎特笑了。

　　"这正是我想说的，明天怎么样？明天晚上6点钟，您能来吗？"

　　贝多芬感激地深深鞠了一躬。

　　对于一个来自波恩的16岁的年轻钢琴家来说，维也纳的一切都是陌生的。在这个闻名欧洲的音乐大都会里，贝多芬知道，像他这样一个普普通通的助理管风琴师，是多么的微不足道。他感到寂寞和孤独，同时渴望着莫扎特的帮助，渴望着能从莫扎特那里学到他想学的一切。

　　第二天傍晚，贝多芬带着热切的希望，再次来到莫扎特家。可一进门，眼前的情景使他吃了一惊，房间里已经坐满了人。年轻人的到来也使莫扎特显得有些措手不及。

　　"真对不起，我这里有几位朋友。"莫扎特歉意地笑了笑。然后转身对朋友们说，"先生们，是否可以请各位到隔壁去坐一会儿。"

　　客人们都到隔壁去了。琴房里只剩下贝多芬和莫扎特两个人。莫扎特指着钢琴说："请吧，贝多芬先生，我想，您一定不会使我失望的。"

"我弹什么呢?"

"这应该由您来决定。"莫扎特笑着说。

"那我弹一首巴赫的作品吧。"

约翰·塞巴斯蒂安·巴赫的作品以高深和讲究复杂的技巧而著称。贝多芬选择了其中难度最大的一首。他坐到钢琴旁，抚摩了一下自己的手指。是啊，这是一个多么难得的机会呀! 那无数个日日夜夜不就是为了这一天吗? 多年来为磨炼自己的演奏技巧，他几乎放弃了全部童年的欢乐，吃尽了常人所难以承受的苦头，他怎能不珍惜眼前这得来不易的机会呢?

站在一边的莫扎特听得十分认真。这位来自波恩的年轻人，无疑是无可挑剔的，他的演奏技巧精湛而纯熟。但，莫扎特对音乐家的要求，并不停留在能否演奏几首名曲上，而是要看到更本质的东西。他从贝多芬那张毫无表情的脸上，产生了一个疑问，他怀疑眼前这个年轻人是否具备一个真正音乐家所必备的更为重要的东西，那就是内心精神的火花和惊人的创造力。

当最后一个音符弹完之后，莫扎特微微点了点头。

"您弹得非常好。您的演奏技巧是无懈可击的。不过……"

敏感的贝多芬立刻感觉到了什么。他意识到，自己的演奏失败了，他没能赢得大师的心。他悔恨自己不该到维也纳来。强烈的自尊心使他蓦地站了起来，他不愿再在这里耽误大师的时间，深深鞠了一躬，便向门口走去。

他心慌意乱地拉开了房门。可就在这一瞬间，他想起了内弗老师，想起了他的嘱托与期望。怎么能就这样回去呢？他努力控制住自己，没有走出这个大门，而是慢慢转过身来，恢复自信地说："大师，您能允许我为您即兴弹奏一首曲子吗？一首幻想曲，主题由您确定。"

"当然，那太好了。"莫扎特头脑中的疑团也开始消散。他走到钢琴边。思索片刻，弹了一个短短的乐句。这是他正在创作的歌剧《唐·璜》中的一个主题。一个对别人来说完全陌生的主题。

"是这样吗？"贝多芬坐到钢琴前，重复地弹了一遍。

"是的。我想您一定喜欢一个人在这里演奏，我会在隔壁房间和我的朋友们一起欣赏您的演奏，请吧。"莫扎特说完，便走进了隔壁房间。

少年贝多芬一向以擅长即兴演奏闻名波恩城，今天所不同的是，他必须以此来赢得最具即兴演奏天才

贝多芬使用过的钢琴

的莫扎特对自己的信任。

大约一分钟之后，房间里响起了《唐·璜》的主题，紧接着，旋律开始发生了变化。它时而像小鸟在婉转歌唱，时而像山溪在岩石间流淌跳跃，时而像草原上忽起的暴风雨，时而又像古战场上擂起的战鼓……快乐与憧憬，痛苦与期待，从少年贝多芬的心灵深处迸发出来，并化作美好的音符，巧妙地交织在一起。

贝多芬忘情地演奏着，他根本没有注意到，莫扎特什么时候又回到了他的身边，身后还跟着他那些音乐界的朋友们。人们被这充满激情的演奏陶醉了。

随着即兴演奏的结束，房间里响起了热烈的掌声。

贝多芬转过身来，看到大师和他的朋友们这么热情地为他鼓掌，脸都涨红了。

"这可是另外一回事了，亲爱的路德维希，我可是好久没有听到这样的音乐了，谢谢您。"莫扎特把手放在贝多芬的肩上，继续说道，"朋友们，请记住这个年轻人吧，用不了多久，全世界都会谈论他的。"

莫扎特由衷的话语，给了贝多芬莫大的鼓舞。

康斯坦采端来了咖啡，莫扎特邀请贝多芬和他的朋友们一起坐了下来。大师答应了他的请求，只要歌剧《唐·璜》创作完成后，就定期为他授课，并不收他的学费。

"请放心，我会尽全力来帮助您的。"

贝多芬带着胜利的喜悦离开了大师家。

从此，他在维也纳住了下来。可是，一阵欣喜之后，他又感到有些焦虑。莫扎特实在是太忙了，歌剧创作和剧院的事占去了他大部分时间，贝多芬几次按约定时间去拜访，都没能见到他。直到几个星期后，两个人才见了一次面。莫扎特上完课，与贝多芬进行了一次推心置腹的长谈。

"我实在无法为您安排更多的时间。"莫扎特抱歉地说，"除了创作，我还不得不为了生活，到那些公爵老爷家去上课，否则，我就付不出房租，还有妻子的开销，您知道，我在维也纳已经搬了好多次家了，这也是没有办法的事。"

"我理解您，大师。"贝多芬说。

"在维也纳，仅仅靠音乐是赚不了多少钱的，我想波恩也是一样吧？高贵的出身可以使一些人拥有一切，仅仅靠这一点他们就可以一辈子不愁吃，不愁穿。噢，请原谅我的鲁莽，我还不知道您是怎么看待这些事的。"

贝多芬叹了口气，他从自己的父亲——一个穷困潦倒、整天酗酒的乐师，谈到自己的启蒙老师内弗。转而又谈到自己如何靠分得老师的一半薪水而成为宫廷助理风琴师，为了全家人的生活又不得不忍辱负重，苦苦挣扎。

萨尔斯堡大教堂

"这种情况我是很熟悉的。"莫扎特深有感触地说，"您知道，我曾在萨尔茨堡大主教手下做过风琴师。比起波恩的公爵来，萨尔茨堡大主教简直就是个恶魔。他不允许我举办音乐会，命令我必须每天为他的晚餐进行演奏，并且还让我和他的奴仆们在一起用餐。在萨尔茨堡我完全失去了自由。当我忍无可忍，向他提出辞呈的时候，他竟对我破口大骂，说我是下流胚，无赖，骗子！最后指令他的总管把我从楼梯上踢了下来。至今我也无法想象出来，当时我是怎么走到街上，又怎么走回家里来的……"

莫扎特的一席话，像用刀子刻在了贝多芬的心上一样，使他久久不能忘怀。

夜深了，他回到郊区自己那间简陋的住室。这一天的经历，在他脑海里不停地闪现着……

是啊，一个真正的音乐家是不能依靠任何贵族老爷的保护的，更不能靠别人的施舍过日子。贝多芬越来越钦佩莫扎特，他是第一个敢于反抗宫廷，与大主教决裂，取得了一个音乐家应有的独立人格的人。他决心要在莫扎特指导下，成为一个名副其实的作曲家。

可就在第二天，他接到了父亲的一封来信。从那潦草的字迹上，他感到有些不祥。急忙打开来看："你母亲病重，虽然我们已经尽了全力，可她还是不停地

多瑙河

咯血。你知道，她一直十分惦念着你……”

贝多芬心乱如麻。母亲的爱是他心灵的唯一寄托，他不能没有母亲。同时，他也想到了弟弟们，他们更需要母亲，一旦离开了母亲，他们该怎么生活？贝多芬做好了一切回家的准备，并焦急地等待着到大师家上课的日子，好借此机会向大师辞行。

可是，第二天，父亲又写来了一封信，“快回来吧，如果你还想再见母亲一面的话。”这召唤使贝多芬再也等不下去了。天刚蒙蒙亮，他便踏上了北去的邮车，离开了维也纳。

多瑙河的碧波使他眷恋，莫扎特的风采让他难以忘怀，可眼下他已经顾不上这些，他的心早已飞到了莱茵河畔，飞到了母亲身边。

他万万没有想到，这竟是他与大师的永别。

1792年，当他穿过战火纷飞的莱茵河，穿过法军与奥、普联军进行着激烈战斗的战场，再次来到帝国首都维也纳时，莫扎特已经离开了人世。

他在墓地看到的情景，使他无比悲痛。回到郊外租住的那个小房间时，他的心麻木了。躺在木板床上，两眼直勾勾地望着低矮的天花板。

楼里很吵，有人在唱歌，有人在大声喧哗，街上还传来酒鬼的叫骂声，这一切他似乎都没有听到。

房间里有些冷，他突然从床上跳了起来，在房间里走来走去。桌子上放着好几封信，都是写给这个大人、那个公爵的，可是，他一点都不想碰它们。他的心里燃烧着烈火，这烈火里迸发着愤恨与渴望。他愤恨这个不公平的世界，他渴望着用自己的艺术来征服这座城市，征服整个世界。可是，谁还能给他以帮助和指导呢？

他突然想到了60岁的海顿。

"对，我应该去拜访这位维也纳的音乐泰斗。"

那还是两年前的事，当海顿从英国归来途经波恩时，曾听过贝多芬的演奏，他十分赞赏，当即给贝多芬留下了自己的住址，告诉他，以后有什么困难，可以到维也纳来找他。想到这儿，贝多芬急忙穿好衣服，匆匆跑下楼去。

街上秋风瑟瑟，贝多芬边走边向行人问路，手里紧紧攥着那张当年老作曲家亲笔为他写的纸条。

← 海顿像

当他走进老海顿的书房时，他简直惊呆了。映入他眼帘的是一片乐谱的海洋。写字台上，钢琴上，椅子上，甚至连地上都摆满了乐谱。老海顿坐在中间，他轻轻抬起眼帘，看了一眼贝多芬，立刻就认出了他。

"噢，来自波恩的客人。"老海顿慢慢地从椅子上站了起来，迈着坚实的步子走到贝多芬跟前，拉住他的手说："你来这里多久了？路上遇到战争了吗？波恩现在怎么样？"

海顿的热情使贝多芬深受感动。他向老作曲家谈

了波恩，谈了他所见到的战争情况，谈了他们两个人都很熟悉的作曲家……然而，谈得更多的，仍然是莫扎特。

海顿说："那是一个凄惨的夜晚，埋葬他的时候，竟没有一个亲人和朋友在场。那天天气很坏，他的妻子正在生病。"

"难道莫扎特连一个朋友也没有吗？"

"你知道，人在穷困的时候，是很难找到朋友的。"老海顿意味深长地说，"奇怪的是，那天特意赶到墓地看他下葬的竟是他不共戴天的敌人、宫廷作曲家萨吕耶里。"

"萨吕耶里？！莫扎特曾介绍我向他学习作曲。"

著名的音乐家海顿也曾经是维也纳少年合唱团的一员

"可他恨莫扎特，疯狂地嫉妒莫扎特，他曾说，在维也纳只要有莫扎特，我们就都没饭吃。"

"我在波恩就听说，是萨吕耶里害死了莫扎特。"

"不，这不是真的。莫扎特早就病了，再加贫困的折磨，他是病死的。"海顿严肃地说，"莫扎特是个很不注重实际的人，他的妻子比他还要糟。许多大人物请他到家里去演奏，他不去。甚至普鲁士国王亲自邀请他到宫廷去任职，都被他拒绝了。"

"他是不想做奴隶，因为萨尔茨堡大主教使他受尽了凌辱。"

"不想做大老爷的奴隶，却成了小老爷们的摇钱树。你听说过施坎德涅尔这个人吗？"

贝多芬摇摇头。

"莫扎特的歌剧在剧院上演场场爆满，可他得到的收入却很少，大部分收入都被这个剧院经理施坎德涅尔剥削去了。"

"大师，您现在仍在宫廷里任职，没有感到是在受奴役吗？"

"怎么跟你说呢？"海顿稍加思索后说，"我想告诉你的是，从前，我只不过是个流浪乐师，有时露宿街头，有时住在小阁楼里。我还记得我住的那间房子，夏天漏雨，冬天漏雪。有时一觉醒来，不是被雨水打

湿，就是被积雪覆盖。可我当了宫廷乐师之后，情况就不同了。"

"可我听说，您刚进宫廷时，公爵用餐还让您在一边侍候，这是真的吗？"

"开始时，都要经过这一步。"

"那您没感到人格受到侮辱吗？"

"人格？！"海顿笑了，"现在人们谈论人格，感到很时髦。可是，连饭都吃不上的时候，还有什么人格可谈？"

"请原谅我，大师，我还有件事不明白，您在英国时，就取得了很高的荣誉，并赚得了很多的钱，完全可以摆脱掉宫廷的束缚，可您为什么还要在宫廷里任职呢?"

"不，不能这么说。像我们这些艺术家，要想在维也纳站住脚，必须要得到大人物的保护才行。恐怕你也不会例外。"

"我不想依靠任何人，我会弹钢琴，我可以开音乐会，可以靠自己的力量来养活自己。"

"可音乐会也只能在大人物家里举行，只有在那里，你才能赚到钱。维也纳的普通人是没有钱拿来听你演奏的。"

这一老一小刚一见面，就谈得这么不投机，真是出人意料。老海顿脸上毫无表情，贝多芬也显得格外认真，看来谁也没有让步的意思。

贝多芬说:"我现在就有好几封引荐信，其中还有一封是给李希诺夫斯基伯爵的，可我就是不想这么做。"

"太不像话了!"德高望重的老海顿终于生气了，"难道你真想靠自己的力量在维也纳生活下去吗? 那是不可能的。赶紧带上引荐信，穿上你最好的衣服，去见李希诺夫斯基伯爵，他是很热情的一个人，他不会命令你去做什么的。年轻人，不管怎么说，你现在还没有资格把头扬得太高。"

2004年奥地利发行音乐家海顿50欧元精制纪念金币正反面

海顿长出一口气，接着说："上帝在人世间造了一架天梯，站在最上面的是皇帝，中间是那些公爵大人，下面才是我们这些人。"

　　"造这架梯子的是上帝，可打碎这架梯子是下面的人，法国人就打破了这架梯子，连国王都从梯子上滚下来了，革命使那些贵族老爷们狼狈而逃……"

　　"好了好了，你别跟我谈论法国，更别跟我谈论革命，这些字眼儿使我恐惧。"老海顿的手真的有些微微颤抖。

　　"可他们一点都不可怕，法国革命军不管打到哪里，都非常规矩。"

　　"你怎么知道?"

　　"我在来维也纳的路上，在穿过法军占领区时，见到了他们，还听他们唱了一首革命歌曲。"

　　"革命歌曲?!"

　　"是，叫《马赛曲》，他们还教我演唱，那每一个音符都很激动人心。"

　　谈到歌曲，老海顿又活跃起来。

　　"能在钢琴上弹弹吗?"

　　"当然可以。"说着贝多芬走到钢琴旁，坐了下来。顿时，雄浑有力的进行曲旋律在房间里回荡起来。老海顿情不自禁地用手打起了拍子。

　　"真是太激动人心了。"老海顿的眼睛渐渐湿润了，"你还能再跟我谈谈法国人吗？我虽然不喜欢革命，可我喜欢这首《马赛曲》。"

　　贝多芬笑了。他开始向老海顿讲起了他所知道的那一点点有关法国革命军的情况……

　　1902年，克里姆特为"贝多芬展"绘制的34米长的"贝多芬长卷"，堪称是对贝多芬"第9交响曲"最精辟美妙的诠释。

相关链接
XIANGGUAN LIANJIE

巴　赫

巴赫（1685~1750），最伟大的德国作曲家之一，以创作《勃兰登堡协奏曲》《b小调弥撒曲》《平均率钢琴曲集》，以及大量的教堂音乐和器乐曲而著称。他把前人发展起来的主要风格、形式和传统概括地加以研究并汇集在一起，使之更加丰富多彩。他的先辈世代均为乐师，他的4个儿子均为作曲家，使得巴赫家族在德国音乐史上颇具传奇色彩。

海　顿

海顿是奥地利作曲家，"维也纳古典乐派"的杰出代表，18世纪欧洲最著名的音乐家之一。他的音乐作品体裁广泛，涉及声乐、器乐各个领域，尤其对交响乐和弦乐四重奏的形成、完善和发展方面有着突出的贡献，是世人公认的"交响乐之父"和"弦乐四重奏奠基人"。他晚年创作的12部《伦敦交响曲》和大型清唱剧《创世纪》《四季》以及《皇帝四重奏》等作品，代表了他一生创作的最高成就。

贝多芬与他的交响曲

我爱自由，胜过爱其他一切。
　　　　　——贝多芬

　　施密特教授是维也纳最著名的内科医生。他不仅能出色地使用药物来为人们治疗肉体上的疾病，还会利用心理疗法，恢复人们战胜疾病的自信心。

　　前不久，32岁的贝多芬，突然发现自己在逐渐失去听觉。对一个音乐家来说，这将意味着什么，是不

→欧洲古典音乐的中心——维也纳

言而喻的。那些日子，他吃不下，睡不好，惶惶不可终日。整天耷拉着脑袋，一句话也不想说，脾气大得出奇。很小的一点事，就会暴跳如雷，把乐谱从谱架上扯下来，狠狠扔在地上。幸亏没有撕碎，否则，许多惊人之作就不会流传下来了。

最后，他还是不得不承认现实，去求助医生帮忙。

他坐在施密特教授面前，像个受了多大委屈的孩子，双手无力地垂在膝盖上，神情显得十分沮丧。

"您怎么知道您一定会成为聋子？"施密特教授说，"您在吓唬维也纳，也在吓唬您自己。放心吧，音乐家的耳朵，是永远不会聋的。"

"可我越来越听不清楚周围的声音。"

施密特教授显得很有耐心。他不慌不忙地说："那是它太疲劳了。您知道，人的耳朵也和其他器官一样，有时需要休息，您老是不让它休息，那怎么行呢？"

贝多芬听到这儿，紧张的心情似乎松弛了下来。

"那我该怎么办？"

"我看，您还是离开维也纳一段时间。"

"要多久？一周？还是两周？"

"不，至少要半年。"施密特教授说，"到大自然当中去，让您的耳朵在平静的环境中，好好休息休息，我想会好的。"

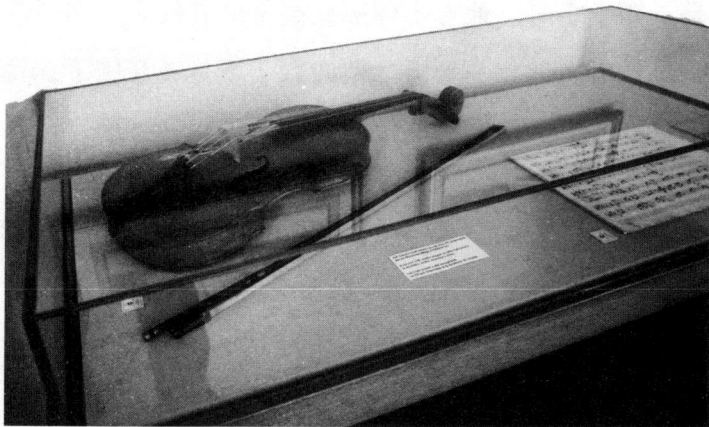

贝多芬时期的小提琴

"是吗?"

"您试试看。"

一个星期后,贝多芬出现在距维也纳城大约五公里的乡间小路上。他到这儿已经两三天了。他住的这座石头砌成的小房子,坐落在村子的最边上。透过不大的一个小窗口,可以看到多瑙河的碧波和喀尔巴阡山那起伏不断的峰峦。周围丛林、花圃、草场、葡萄园,编织成色彩斑斓的原野,一望无际。

当然,无论走到哪儿,钢琴是必须陪伴他的宝物。可他自从来到这儿,为了让自己的耳朵得到充分休息,他很少弹奏钢琴。每天主要的事情,就是沿着林中的那条小路散步。他散步不像别人那样,总是慢悠悠的,而是走得很快，很急，好像赶火车似的。有时一走就是三四个小时。他也不像那些高贵的有钱人，帽子总是老老实实地扣在头上。他的帽子不是夹在腋下，就是拿在手上，让那满头黑发乱蓬蓬地露在外面，好像从来就没有梳理过。一边走还一边不停地唠叨着什么。有时走着走着会突然停了下来，细心倾听一下周围的动静，好像在考验自己的耳朵是否恢复了听力。然后，就往一个小本本上勾勾点点画着什么。后来，他的学生里斯发现，他是在创作。创作他的一部新的交响曲——《第二交响曲》。这是一部充满希望和勇敢精神的交响曲。在这部交响曲中，他一反以往交响曲创作的规则，以气势宏伟的铜管乐来主奏，表现他内心的痛苦和决心战胜一切不幸的决心。

贝多芬是个急性子人，他的耐心是十分有限的。一个月后，他发现施密特教授欺骗了他。他的听力不仅没有恢复，反而一天天恶化。

里斯又从城里赶来看他了。他一走进那座石头房子，就发现贝多芬正坐在钢琴边发呆，脸上露着痛苦的表情。

"老师，您怎么了？病了吗？"

贝多芬没有回答。也许他没有听清。

里斯走过去，继续问道："老师，您在想什么？这

么入神？是不是又在创作什么新作品？"

　　贝多芬没有在意里斯的到来，也没有听他在说什么，只管一会儿用手指在钢琴的高音区弹弹，一会儿又在钢琴的低音区弹弹。他发现自己的耳朵，对高音已经完全失去了听觉，对低音区还有一定的感觉。但他同时又发现，眼睛望着琴键，虽然听不见声音，可心里却有着各种不同音响效果的感觉，这使他感到很大欣慰。他想，如果自己的耳朵真聋了，他不是还能凭着自己的感觉来进行创作吗？

　　他突然从座椅上站了起来，对里斯说："今天天气多好，走，我们到外面去散散步。"

　　里斯心中的一块石头落了地。

→ 贝多芬塑像

　　两个人走出石屋，沿着林中的小路向山坡上走去。他们找到一棵树冠浓密的小树，坐了下来。贝多芬望着蓝天、白云和绿色的原野，开始低声吟唱起来……那曲调格外优美，格外深情。这是他《第二交响曲》中的一个爱情主题，描写他与自己的学生，也是他的第一个恋人朱丽叶坦的一段爱情生活。朱丽叶坦出身贵族，门第观念使他们的爱情经受着各种不幸和打击。此刻，贝多芬的心显得格外平静。可这平静很快就被一种不谐和音打破。就在他来到乡间之后，他曾收到朱丽叶坦的一封信，告诉他，她的心已经被别人占领，她只好离开在维也纳取得了辉煌成功的、她心目中十分崇拜的天才。那一夜他一直没能合眼，幸福的回忆痛苦地折磨着他。天一亮，他就像一头发了疯的狮子似的，跑上了山冈，站在风中大声呼唤着朱丽叶坦的名字。朱丽叶坦在爱情上给他带来的创伤是难以愈合的。是啊，一个上流社会的漂亮小姐，怎么会死心塌地地爱一个相貌丑陋，又缺乏上流社会风度的男人呢？贝多芬啊贝多芬，你只有在音乐王国里才被人们称为"骄子"。离开音乐王国，你将被人们遗忘得一干二净。

　　这时，远处山坡上传来一阵牧笛声。这是牧羊人在用自己的笛子，召唤着远去的羊群……

维也纳新年音乐会

"啊，多动听的笛子啊！"里斯动情地说。

贝多芬没有回答。

"老师，您听到了吗？这笛声多悠扬啊！"

"你说什么？"贝多芬没有听清。

"牧羊人在吹笛子，怎么？您没听见？"里斯不停地追问。

"什么？笛子？谁在吹笛子？"

里斯惊呆了。这是怎么回事？笛子的声音那么清晰嘹亮，老师怎么没有听到？他看看老师那张东张西望的脸，心中产生了疑团，难道……里斯突然醒悟了。他来乡间之前，维也纳曾风言风语，说贝多芬成了聋子。难道……这是真的？他一时不知如何是好。慌乱了一阵之后，他急忙改口说："噢，那不是笛子。没有人在吹笛子，是我听错了。"

可里斯的话是欺骗不了贝多芬的，他知道身边发生了什么事。一定是牧羊人在吹笛子，而自己没有听到。他不停地眺望着，寻找着，脸上流露出痛苦的表情。

从此，贝多芬脚下的大地裂开了，黑夜无休止地笼罩了整个白昼。他失去了对人生的一切信心和勇气。他几次走到多瑙河边，想纵身跳入那翻滚的河水里，结束自己的生命，结束自己无用的人生。

可他每次走到河边，想这样做时，就有一个声音在他心灵深处回荡："你为什么要这样做？你不觉得这太渺小了吗？即使你真的成了聋子，也应该做一个对社会有用的人。""任何人都没有权利任着性子与自己的生命告别。"于是，他心中感到一阵内疚，就又慢慢地走回自己的石头小屋。

很快，帝国首都的人都知道了一个大名鼎鼎的音乐家在逐渐失去听力。经过一阵满城风雨之后，在维也纳人心里，贝多芬的名字在逐渐消失。既然如此，他也就没有必要再躲在乡下。趁着夜色，他默默地回到了维也纳彼得广场上的老住处。

半年过去了，他从乡间带回来的那些东西，还都原封不动地放在那里，就连窗户都没有打开过，屋里

散发着霉气。

贝多芬整天足不出户，也不会见任何人，只有黄昏降临后，才一个人悄悄走出房门，到郊外去散散步，换换新的空气，思索着自己的人生之路应该如何走下去。

经常来看他的，仍然是他的学生里斯，他每次来都把外面的各种消息带给他。里斯讲得最多的是法国革命和拿破仑，讲拿破仑如何在土伦战役中一举粉碎了保皇势力的反扑，保住了法国革命，保住了来之不易的胜利果实。拿破仑是真正的自由卫士，是真正的英雄，是敢于向一切困难斗争，敢于扼住命运咽喉的伟大人物……

拿破仑那不屈不挠的英雄主义精神，给了处于人生绝望境地的贝多芬以莫大的鼓舞和激励。拿破仑能战胜一切厄运，挽救革命，挽救整个法国，难道我面对耳聋，连自己都不能挽救吗？贝多芬对这位法国人产生了无限敬仰之情。

他开始酝酿创作一部交响曲，来歌颂这位时代的英雄。酝酿过程中，他感到力不从心的是以往那些交响乐表现手法已不能满足自己所要表现的内容的需要。只是欢快与抒情，只是快板与慢板的对比，只是结构与旋律上的流畅是远远不够的。他需要的是强烈的戏

凯旋门是巴黎著名的建筑物，位于市西夏尔·戴高乐广场。为纪念拿破仑在奥斯特里茨战役中打败俄、奥联军，于1806年始建，1836年落成。

剧性。通过戏剧性的主题与冲突，来表现英雄的精神与思想，表现大无畏的革命气魄。他必须赋予自己的作品以全新的内容——"争取自由，捍卫自由，英勇奋斗！"他曾不止一次地对里斯说："我爱自由，胜过爱其他一切。"

1804年，作品全部完成，篇幅极其庞大。通过总谱就可以看出，全曲情绪激昂，音响犹如火山爆发，这在以往的交响乐创作中是从来没有过的。全曲共分4个乐章。第一乐章描写英雄多侧面的性格以及他在捍卫自由的战斗中所表现出来的勇敢精神。尤其在展开

部，充分展示的戏剧性，生动地描绘出英雄如何浴血奋战，不幸负伤跌倒在地上，然后又重新爬起来，投入新的战斗。第二乐章是"葬礼进行曲"。这是英雄的葬礼，是个伟大而庄严的葬礼。正像罗曼·罗兰所说："这是全人类在抬着英雄的棺木向前行进。"气氛悲壮而肃穆。第三乐章是"谐谑曲"。音乐充满活力和乐观情绪，并不时传来象征光明的号角之声。表现一个英雄倒下去，千万个英雄跟上来，前赴后继，勇往直前。第四乐章是"变奏曲"，表现人民欢庆胜利的场面。最后在极其热烈的气氛中，达到高潮，结束了全曲。

贝多芬望着那放在桌面上的厚厚的一大本总谱，心中充满了自豪感。他思索片刻，郑重地在扉页上题写上：

英雄交响曲——献给波拿巴

路德维希·梵·贝多芬

他感到浑身无比轻松。这时，里斯来了。他望着老师那张充满喜悦的脸，望着那用了无数个日日夜夜、熬尽了全部心血写成的交响曲和扉页上那刚刚题写上的字句，真不知该怎么开口好。是先安慰老师几句，然后再把这个不幸的消息告诉他好呢，还是直截了当说出真情?

他正犹豫着,贝多芬看出了他的心事。

"怎么了?你好像有什么话要说?"

"老师……"里斯欲言又止。可是,他最后还是决心说出了真情,"我带给您一个很坏的消息。"

"什么消息?难道还有什么坏消息,能胜过我完成这部交响曲的快乐吗?"

"波拿巴……"

"你又吞吞吐吐,波拿巴怎么了?"

"波拿巴出事了。"

"出事了?怎么,他被害了?"

"不,不是的。"

"那还能出什么事?受伤了?"

"不,他当了皇帝。"虽然里斯这句话说得很轻,但贝多芬听来犹如晴天霹雳。

"什么?!皇帝?!"贝多芬跳了起来,"你说什么?波拿巴当了皇帝?"

"是的。"

"这不可能!你在骗我!"

"我怎么能骗您哪!是今天早晨从巴黎传来的消息,现在,全维也纳人都知道,在那里执行统治的已不是波拿巴执政,而是拿破仑一世皇帝了。"

突然，贝多芬自嘲地狂笑起来。一阵狂笑之后，他痛苦不堪地呻吟道："这么说，共和国完了？"

"是。"

从那一刻起，贝多芬整整一天一夜没说一句话。

果然，第二天的报纸上登出了这条令人震惊的消息。里斯把散发着油墨气味的报纸送到老师面前。

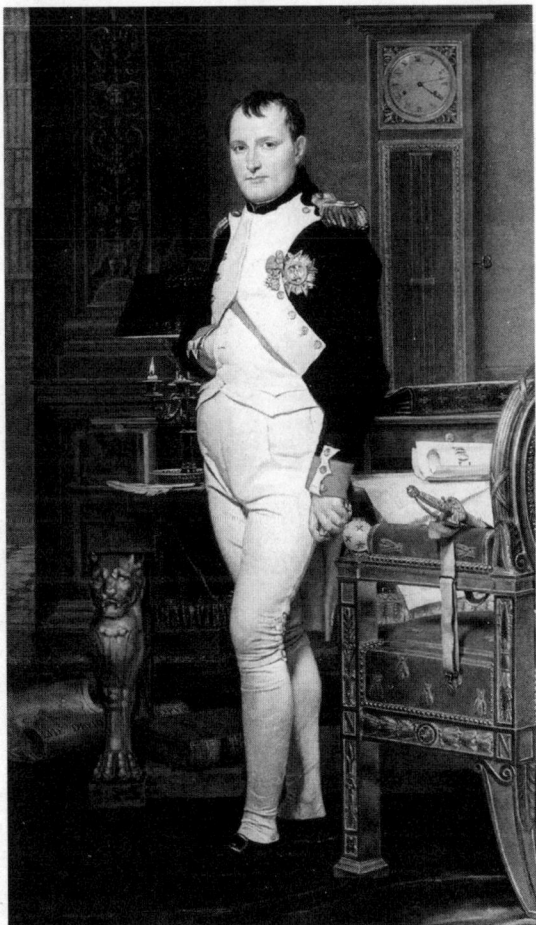

→拿破仑

　　"这个恶棍，叛徒！原来他是这么一个渺小的人！"

　　贝多芬走到桌前，顺手撕下《英雄交响曲》的扉页，毫不犹豫地把它撕得粉碎，扔在地上。

　　拿破仑"死"了。他从一个英雄一下子跌进了叛徒、骗子的深渊。可贝多芬心目中的英雄是不会死的，他音乐中描绘的英雄是永垂不朽的。拿破仑"死"了，可贝多芬的交响曲还仍然不愧为一部英雄交响曲。

　　他重新拿起笔来。那支鹅毛笔在他手中捻了捻，掂了掂，然后，在重新换上去的封面上，用力写下了下面一行字：

　　　　英雄交响曲——为纪念一位伟人而作。

　　写完，他问站在身边的里斯："你看，这个题目怎么样？"里斯说："为纪念一位伟人，可这伟人是谁呢？""是任何一个为捍卫自由而战的英雄，或为捍卫自由而牺牲的人。"他突然用放大的声音吼道，"但绝不是拿破仑！"

　　聪明的里斯很快理解了老师的意图："这么说，它确实是个好名字，英雄交响曲，是为所有的英雄谱写的交响曲，而不是为某个人。"

"对！你说得很对！"贝多芬抚摸着厚厚的总谱，深有感触地说，"你知道，这是我至今为止最心爱的一部作品，我在它身上投入的精力和热情是空前的。写它时，我的心灵经历了一次多么重大的磨难哪！它使我从精神崩溃的边缘，从人生的苦难中，看到了光明，看到了希望，获得了勇气。"

1805年4月，《英雄交响曲》举行了首演，由贝多芬亲自指挥。可这部给人以鼓舞和勇气的作品，却没有得到人们的普遍理解。演出时，第一乐章刚刚奏完，楼上的座席里就有人喊道："好了！别再奏下去了，赶紧下去吧，我给你一文钱！"

拿破仑陵寝

　　这喊声引起全场哄堂大笑。这句话就连仅存微弱听力的贝多芬都听到了。这喊声，来自楼上最便宜的座席，这说明他的交响曲连维也纳最普通的听众都不理解。因为他们从来没有听过这样的交响曲，既不轻柔，又不欢快，全是些粗鲁的、震耳欲聋的强烈音响，几乎快把剧院的墙壁都震塌了。人们不明白作曲家为什么要这样做，他究竟要表现什么？

　　贝多芬又一次陷入了痛苦的绝望之中。可是，命运对他的打击并没有就此结束，而是一个接一个向他扑来。4月份，《英雄交响曲》演出遭到攻击之后，11月份，歌剧《费德里奥》的演出更是惨遭失败。当时法国军队占领了维也纳，有钱人为躲避战火，都跑到各自的领地去了。普通市民面对外辱，忧心忡忡，哪还有心思到剧院去听歌剧。剧场里坐的几乎都是法国人，他们从来没有看过这样的歌剧，对它毫无兴趣。戏刚刚演到第三场，剧场里的人就都走光了，只剩下他的几个朋友还在那里捧场。

相关链接
XIANGGUAN LIANJIE

交　响　曲

器乐体裁的一种，是管弦乐队演奏的包含多个乐章的大型（奏鸣曲型）套曲。源于意大利歌剧序曲，海顿时定型。基本特点为：第一乐章快板，采用奏鸣曲式；第二乐章速度徐缓，采用二部曲式或三部曲式等；第三乐章速度中庸或稍快，为小步舞曲或诙谐曲；第四乐章又称"终乐章"，速度急速，采用回旋曲式奏鸣曲式等。

《英雄交响曲》

德国作曲家路德维希·凡·贝多芬作于1804年，作品55号。它的标题是《英雄交响曲，为纪念一位伟人而作》，原稿上的标题是《拿破仑·波拿巴大交响曲》，是应法国驻维也纳大使的邀请为拿破仑写的。但当时贝多芬听到拿破仑称帝的消息时，愤然撕去标题页，改成了现在的曲名。这首交响曲从内容到形式都富于革新精神，感情奔放，篇幅巨大，和声与节奏新颖自由。他在曲式结构上作了革新，如用一首庄严的葬礼进行曲作为第二乐章，用一首谐谑曲作为第三乐章，都是前所未有的。

这部作品是贝多芬最著名的代表作之一，是第一部打破维也纳交响乐模式，完全体现英雄性格的作品。作品贯穿着严肃和欢乐的情绪，始终保持着深沉、真挚的感情，呈现出强烈的浪漫主义气氛。贝多芬本人曾声称他最喜欢的交响乐就是这部降E大调第三交响曲。此乐时常被列举为浪漫乐派的创始作品。

交响乐队的组成

★弦乐器：小提琴、中提琴、大提琴、低音提琴、竖琴、钢琴。

★木管乐器：短笛、长笛、单簧管、双簧管、英国管、低音管、倍低音管。

★铜管乐器：短号、小号、长号、法国号、柔音号、上低音号、低音号、苏沙低音号、萨克斯风。

★打击乐器：定音鼓、小鼓、大鼓、钹、锣、铁琴、木琴、管钟、三角铁、铃鼓、响板、木鱼、沙铃、珠铃、风铃、钢片琴、雷鸣板、刮葫、皮鞭等（演奏现代曲目时，有时候应乐曲需要，也会加入爵士鼓或拉丁鼓）。

贝多芬与歌德

公爵大人，您之所以成为您，应该感谢您那带有偶然性的出身，而我之所以成为我，应该感谢的是我自己。公爵成千上万，现在有，将来还会有。而贝多芬，却只有一个。

——贝多芬

←
歌
德

还在儿时，歌德的名字就在贝多芬的心中打上了深深的烙印。从少年时代起，他就被歌德的诗强烈吸引着。他崇拜歌德追求个性解放、渴望自由的精神，崇拜歌德那惊人的文学天赋。后来，他开始为歌德的诗谱曲，与伟大诗人的心开始在艺术的殿堂里相互沟通。他知道歌德出身名门，父亲是法学博士，法兰克福市的参议员，母亲是市长的女儿。可他却能写出那么多反抗专制统治、争取个性解放的感人至深的作品，这使他对歌德更加敬重。他经常想，如果有一天能与伟大诗人见上一面，那该多么荣幸。

1810年5月，他刚为歌德的悲剧《哀格蒙特》写完配乐，正在认真筹备着公演。

一天，里斯急匆匆跑来看望老师，并兴奋地对他说："老师，魏玛大公到维也纳来了。"

贝多芬用力挥了一下手，说："你昏了头了？魏玛大公到维也纳来，告诉我干什么？"

"您听我把话说完嘛。"里斯生怕老师听不清，急忙凑到他的耳边，一字一句清晰地说道，"跟他一起来的还有歌德，诗人歌德。"

"什么？歌德来了？"这下可触到了贝多芬最兴奋的神经上。

"是。"

歌德故居魏玛的街道

　　"那你为什么不把歌德来的消息放在前面？为什么把魏玛大公放在前面？他算个什么东西！"贝多芬突然变得手足无措起来，"这么说，我们可以见面了。你知道，我等这一天，已经等了许多年了。"

　　他一边搓着那双粗大的手，一边在屋里来回走着……

　　"你说，我该怎么办？向他发个请帖，邀他到这儿来做客？还是……还是到他下榻的地方去登门拜访？你说，我该怎么办？"

　　里斯也一时拿不定主意。一个是德国最伟大的诗人，一个是德国最伟大的作曲家。两个人心灵早已相通，可却从来没有见过面，究竟是请他来做客还是去登门拜访好呢?

转眼间两天过去了,贝多芬还没有拿定主意。

正在这时,一辆金光闪烁的马车停在彼得广场贝多芬的住宅前,歌德来拜访他了。63岁的老歌德步履敏捷地走进贝多芬住的那间小屋,他显得那么年轻,那么潇洒。一双睿智的大眼睛,宽大而白净的额头,微微有些花白的头发,还有那健康的体魄,漂亮的容貌,以及文雅的气质,顿时使贝多芬显得有些粗俗。

他突然变得十分紧张,急忙站起来,一时不知用什么方式迎接歌德好。想鞠躬,又想去握手,最后,竟僵立在那里,不知所措。

歌德走到他面前,笑着说:"我们终于见面了,我

大文豪歌德塑像

很高兴。"

"阁下!"他不知为什么，竟下意识地说出这两个字，脸腾地一下子红了。他想马上控制住自己的情绪，可怎么也控制不住，"您知道，我从小就知道您的名字。现在，除了您的诗以外，我心中没有任何诗人的位置。"

"您不必客气，我们是否应该坐下来谈?"

这时，他才发现自己还没有请客人坐下，便急忙指着身边的一把皮椅说："您请坐。"

歌德坐在皮椅上，并未急着说什么。因为他听说贝多芬的耳朵有些失聪，跟他说话有些吃力，那就让他多说些吧。

贝多芬不知说了多少崇拜与恭维的话。

歌德说："我有幸听过您创作的一些钢琴曲，可对您的交响乐一无所知，您能向我介绍一下您的交响乐吗?"

"我很愿意这样做。"贝多芬感到十分荣幸，他开始滔滔不绝地向歌德介绍起自己的交响曲来。这是他从来没有做过的事。他从来未向任何人谈起过自己的创作体会和过程，许多人千方百计想了解这方面的情况，都无法得到一点点满足。今天，不知为什么，他竟这样推心置腹地敞开了自己的心扉。

"您知道，我的第一交响曲整整写了9年。9年的心血只不过是模仿了莫扎特和海顿，那里几乎找不到一点我自己的东西。从第二交响曲起，我开始走自己的路，用音乐来告诉人们我内心的痛苦和人生的感受。当时，我正遭受失恋的打击，耳聋的折磨，我痛苦极了，我孤独，我彷徨。我想，世上不只我一个人有这样的苦难，每个人都会受到命运的打击。我想我的交响曲应该给人们一点精神安慰，能鼓起他们的勇气，向命运做斗争！"

歌德点了点头，并严肃地说："您是个坚强的人，很了不起。"

"接着，我又写了第三交响曲，我给它起名叫《英雄交响曲》……"说到这儿，他突然停了下来。他在想，要不要把创作这部交响曲的初衷——"献给波拿巴"这件事告诉诗人？因为他还不知道歌德是怎样评价拿破仑的。想来想去，他还是把这个过程省略了，"这部交响曲是献给所有为自由而战的英雄们的。"

歌德在等着他往下说。

"不幸的是，我的交响曲得不到人们的认同。许多人不理解它，听不懂它。维也纳一家杂志说，我的交响曲是粗野的怪兽在吼叫，是一条大蛇在拼命挣扎……"

→海德堡

歌德长出一口气，说："是啊，许多东西总是有人说好，有人说坏，这是自然的。因为人的立场不同。听说，您已经写了6部交响曲，是吗？"

"是的，我的第五交响曲叫《命运》。开头我用了一个命运敲门的声音，来做这部交响曲的主题。"说着，贝多芬用力唱了一遍这个命运的主题。

歌德听后，自言自语地说："嗯，听起来确实很像什么人在敲门。"

"是命运在敲门，在敲响每个人命运的大门。我想通过这部交响曲告诉人们，要奋斗！要抗争！要扼住命运的咽喉，要战胜它！只有这样才能获得自由，获得幸福。"

"您真让我感动。"歌德意犹未尽地问，"那第六交响曲呢?"

"第六交响曲,人们叫它《田园》《牧歌》。我为了让人们能听懂它,在每个乐章的前面,写了一段说明文字。比如'来到乡间的欢悦心情''小溪边的风景''农民在相聚狂欢''暴风雨',以及'暴风雨过后的情景'。现在,我正在写第七和第八交响曲。"

"两个一起写吗?"

"是,有时我三四部作品同时写。"

"噢,真了不起。"歌德说,"我听到许多人称赞您的即兴演奏。您能否赏光,为我弹点什么,我非常恳切地请求您。"

"我很高兴为您演奏。"

贝多芬立即坐到钢琴旁。稍微沉稳了一下情绪,便聚精会神地弹奏起来。

正当他弹得激情奔涌的时候,就听歌德说:"十分抱歉,我该走了。"

琴声戛然而止。贝多芬神情恍惚地站了起来。

歌德再次夸赞道:"真是了不起,我还从来没有见到过像您这样全神贯注、充满激情的音乐家。"

"请允许我送送您。"

"不必了,我的马车已经停在门前,刚才我听到了它的声音。"

　　贝多芬呆住了。怎么？在我演奏钢琴的时候，他竟听到了马车的声音。一时间，贝多芬的情绪变得复杂起来。

　　这时，走到门口的歌德又慢慢转过身来，对他说："如果明天您能同我一起散散步的话，我将感到非常荣幸。"

　　"好吧，我也感到十分荣幸。"

　　第二天，贝多芬应邀来到歌德下榻的皇宫。午饭后，他们沿着花园里一条平坦的林荫路，慢慢向前走去。

　　不知怎么引起的，歌德突然向他谈起了拿破仑。讲到他在巴黎与拿破仑会面的情景，拿破仑称他是

歌德故居

"真正的人"。从那语气和神情，可以看出，他对拿破仑那无限崇拜之情。

贝多芬听不下去了，他心里早已火冒三丈，大声吼道："他是个骗子！恶棍！他欺骗了法国，欺骗了革命，欺骗了所有为自由而战的战士！他推翻旧的专制制度，是为了自己能当上皇帝，进行新的专制统治。"

"不，您还不了解他。"面对脾气暴躁的贝多芬，歌德显得格外稳重，稳重得让人觉得像面对一尊石膏像。他仍然心平气和地说："拿破仑是个意志坚强的人，他不管遇到什么样的灾难、失败或挫折，也不管遇到什么样的颂扬与称赞，头脑总是清醒的。他从来没有放弃过，也没有改变过自己的奋斗目标。活着为它而奋斗，直到生命最后一刻，也没有动摇过。他才是一个真正的人。"

贝多芬忿忿不平地说："真正的人？真正的人应该是崇高的，善良的，把人民的欢乐与幸福看得高于一切，可他的所作所为都是为了他自己。"

歌德觉得贝多芬这个人很难相处，如果谈话再继续下去的话，会带来很大不愉快。于是，他悄悄换了一个话题，讲起他在宫廷里的生活与工作，讲他是如何赢得宫廷的信任和尊敬，当上枢密大臣的。可他的故事还没讲完，就被贝多芬打断了。

　　"要想赢得贵族老爷们的尊敬，必须让他们知道你是谁，你是什么样的一个人。而不是靠唯唯诺诺地向他们献殷勤，来赢得他们的信任和尊敬。去年，李希诺夫斯基公爵邀请我到他家去做客，我去了。因为人们都说这位公爵与众不同，待人平等，和蔼可亲。可到那儿之后，他就逼我为他的那些贵族老爷们演奏。我没有答应，回到自己的房间后，把门在里面反锁上了。可他命令他的仆人，砸开我的房门，硬把我从里面拖了出来，为他们演奏。他简直不拿我当人看，一气之下，我愤然离去。临走前，我写了一封绝交书，告诉他：'公爵大人，您之所以成为您，应该感谢您那带有偶然性的出身。而我之所以成为我，应该感谢的是我自己。公爵成千上万，现在有，将来还会有。而贝多芬，却只有一个。'"

　　看来，他们的谈话真的有点格格不入。

　　歌德不再说什么。一阵难堪的沉默之后，贝多芬说："怎么，我的话使您感到不安，是吗？可您是写过《哀格蒙特》和《浮士德》的伟大作家，难道那书里写的不是反对专制暴政吗？难道书中主人公说的话，不是您心中要说的话？"

　　歌德面对这样尖锐的问题，不得不做出回答。可他不想遮遮掩掩，也不想隐瞒自己的观点。他十分坦率地说："可那是二十多年前的事了。现在，我已经六十多岁，人的观点是随着年龄的增长、环境的改变而有所变化的。"

"可伟大的诗人应该永远是同情人民的，永远不能忘记这个世界是多么丑恶，多么不平等。"

"也许您说得对，可您这样仇视这个世界，这世界就会变得美好起来吗？"

"不管怎么说，我们总不该放弃自己的目标——为自由、平等而奋斗！"

"应该再加上一条，在为自由、平等奋斗的同时，还要和周围的世界搞好关系，和睦相处。我老歌德还想再奉劝您一句，可以吗？"

"当然，您请吧。"

"记住，一个人是改造不了世界的，闹不好还会掉脑袋。我承认，您的艺术很伟大，真的很伟大，它又重新唤起了我青年时代的热情。可遗憾的是，我们未能在青年时代相会。"

这时，一群穿金戴银的皇室成员，簇拥着皇后从对面走了过来。歌德急忙退到一边，摘下帽子，弯下腰去，深深鞠躬，向他们问候。并一直谦恭地等待他们大摇大摆地从他面前走过。贝多芬却完全相反，他背过双手，挺着胸脯，照直走着，使得皇室成员们不

→萨尔茨堡音乐节

得不为他让出一条路来。

歌德看到这情景，心里慌乱起来。他不停地说："这怎么行？这怎么行，简直是疯了！"

他无心再与贝多芬谈下去，急忙推托有事，匆匆和他分了手。他一边向前走，还一边不停地叨念着："这不怪他，应该原谅他，因为他的耳朵在失去听力，一个音乐家，受到这样的打击，性格是会受到影响的。这不怪他，这不怪他！"

贝多芬站在那里，目送歌德远去。他似乎在等待着歌德再回过头，看他一眼。可是，歌德再也没有回头。

贝多芬心里一阵怅然……

相关链接
XIANGGUAN LIANJIE

《哀格蒙特》序曲

贝多芬为歌剧、戏剧所写的序曲，在他的交响音乐作品中，占有重要的地位，其中为歌德的戏剧《哀格蒙特》而写的序曲最受欢迎。

贝多芬在1810年间为戏剧《哀格蒙特》所写的配乐共有10段，其中以"序曲"最为有名。该剧的主人公哀格蒙特伯爵是16世纪荷兰民族革命的统帅，他是奋起反抗西班牙异族统治和压迫、为争取民族独立而斗争的民族英雄和领袖之一，由于西班牙派驻荷兰的总督背信弃义，他被捕入狱并被处以死刑，全剧以悲剧结尾。哀格蒙特的崇高形象和他的悲惨命运，使贝多芬深为感动。他以哀格蒙特的形象作为这首序曲的中心，不但反映出哀格蒙特的斗争精神和他悲剧性的遇难，而且还体现了哀格蒙特英勇斗争的结果——即最终取得胜利的荷兰人民的狂欢场面，这一创意充分地表达出贝多芬对"人民革命力量不可战胜"这一坚定的信念，而且还为歌德原著中那"单纯悲剧性"的结尾加上了光明的希望。

他在给出版商的信中还特意为最后一段音乐附上了
"预告祖国即将得到的胜利"这样一条注解。

《哀格蒙特》序曲用奏鸣曲形式写成，主题形象
鲜明，是一首典型的标题音乐作品。根据音乐的情
节和内容，序曲分为"在西班牙殖民者统治压迫下
的荷兰人民的苦难""荷兰人民反抗西班牙暴政的激
烈斗争"和"荷兰人民的胜利场面"这三大部分。

《哀格蒙特》序曲以英雄性的构思及严整、完美
的形式给人以强烈的感染。这是最通俗易懂和最受
欢迎的交响乐作品之一，经常作为一首独立的交响
乐曲在音乐会上演奏。

《命运交响曲》（第五交响曲）

贝多芬的《c小调交响曲》（作品67号）开始的
四个音符，刚劲沉重，仿佛命运敲门的声音。这部
作品因此被称作《命运交响曲》。《命运交响曲》作
于1805至1808年。贝多芬在1808年11月写给他的
朋友韦格勒（1765-1848）的信中，就已经说出：
"我要卡住命运的咽喉，它绝不能把我完全压倒！"
"命运敲门的声音"。

歌德听了《命运交响曲》的第一乐章后大为激

动，他说："这是壮丽宏伟、惊心动魄的，简直要把房子震坍了。如果许多人一起演奏，还不知道会怎么样呢。"1841年3月，恩格斯听了《命运交响曲》的演出。他在写给妹妹的信中赞美这部作品说："如果你不知道这奇妙的东西，那么你一生就算什么也没有听见。"他说，他在第一乐章里听到了"那种完全的绝望的悲哀，那种忧伤的痛苦"；在第二乐章里听到了"那种爱情的温柔的忧思"；而第三、第四乐章里"用小号表达出来的强劲有力、年轻的、自由的欢乐"，又是那么鼓舞人心。恩格斯用短短的几句话，揭示了《命运交响曲》的精髓。

《浮 士 德》

浮士德是德国传说中的一位著名人物，相传可能是占星师或是巫师。传说中他为了换取知识而将灵魂出卖给了魔鬼。许多文学、音乐、歌剧或电影都是以这个故事为蓝本加以改编的，如歌德的《浮士德1》《浮士德2》。

《浮士德》是一部长达12 111行的诗剧，第一部25场，不分幕。第二部分5幕，27场。全剧没有首尾连贯的情节，而是以浮士德思想的发展变化为线索。

这部不朽的诗剧。以德国民间传说为题材，以文艺复兴以来的德国和欧洲社会为背景，写一个新兴资产阶级先进知识分子浮士德为了寻求新生活，和魔鬼梅非斯托签约，把自己的灵魂抵押给魔鬼，而魔鬼要满足浮士德的一切要求。如果有一天浮士德认为自己得到了满足，那么他的灵魂就将归魔鬼所有。于是梅非斯托使用魔法，让浮士德有了一番奇特的经历，他尝过了爱情的欢乐与辛酸，在治理国家中显过身手，在沙场上立过奇功，又想在一片沙滩上建立起人间乐园……就在他沉醉在对美好未来的憧憬中时，他不由地说，那时自己将得到满足。这样，魔鬼就将收去他灵魂，就在这时，天使赶来，挽救了浮士德的灵魂。是一部现实主义和浪漫主义结合得十分完好的诗剧。

贝多芬与《欢乐颂》

欢乐女神，圣洁美丽，
灿烂光芒照大地。
我们怀着火样的热情，
来到你的圣殿里。

——席勒

现在，人们到贝多芬家里来，不用再敲门了。因为你敲得再响，他也听不见。他已经完全聋了，而且聋了好多年。他身边总是带着一个小本本和一支铅笔。谁要跟他说什么，就拿过这个小本本和铅笔，把要说的话写在上面。他看后，用语言来跟你交谈。而且，他说话的声音特别大，以为你也是聋子，生怕你听不到。有时他在屋里说话，连街上的人都听得一清二楚。

他年轻的老朋友申德列尔推门走了进来，一直来到他身边，他也没有发现，只管伏在桌案上，哼着唱着，不停地往谱纸上划着。申德列尔凑到桌前，仔细一看，发现他还是在为席勒的那首诗《欢乐颂》谱曲，就立即拿过放在桌子上的小本本和铅笔，往上面写道

　　"许多人听说您要往交响曲里加合唱，感到不理解。"

　　贝多芬这才发现申德列尔来了。他看看小本本上的字句，又看看申德列尔，说："他们慢慢会理解的。"

　　申德列尔又写了起来——

　　"历来交响乐都是用乐队演奏，您硬要把合唱加进去，这会受到人们批评的。"

　　"不，不一定，他们听后，也许会赞扬。"贝多芬显得有些固执。

　　"您就那么自信？"

　　"是的。一个人无论做什么事情，都要有自信。

→维也纳金色大厅

否则，什么事也做不成。"

申德列尔开始对走向暮年的贝多芬有些担忧。他不明白，他这样做，究竟是为了什么？他把这个问题又写在了小本本上。

贝多芬看后，说："我不是为了标新立异，我已经过了标新立异的年龄。即使在我年轻的时候，我也没有哗众取宠过。我这样做，完全是为了这部交响曲内容的需要。"

"那您究竟想告诉人们什么呢?"

贝多芬觉得有必要向自己的朋友详细做一下解释了，于是，他放下手中的笔，郑重其事地对申德列尔说："我想告诉人们，我们这些拥有无限精神和有限生命的人，就是为了战胜痛苦和赢得欢乐而生的。即使最伟大的人物，也只有通过痛苦才能得到欢乐。让人们增强信心，勇敢地向命运挑战，战胜困苦，战胜不幸，赢得欢乐，赢得幸福，难道这不好吗?"

"可您完全不必去冒这个风险，用乐队来演奏，完全可以表达您要表达的思想。"

"不!"贝多芬坚定地说，"完美的音乐，再加上感人至深的诗句，我的交响曲会达到一个新的更高的境界。这是前人所没有的境界。"

他思索了一下，接着说："走别人走过的路，路上

既没有鲜花，也没有小草。走一条别人没有走过的路，那路上的鲜花、小草和一切新鲜的东西，都是属于你的。"

这是1818年的事。从这之后，贝多芬整整用了6年的时间，几乎熬尽了全部心血，才完成了这部鸿篇巨制——《第九交响曲》(合唱)。

作品完成后，他没有马上拿出来，而是把它牢牢地锁进了自己的书柜里。正因如此，许多传说开始不胫而走。有人说，贝多芬的这部作品，是永远也不会拿出来的。因为它根本就是一个怪胎。还有人说，聋子还能写交响曲吗？即使写出来又是个什么声音？实在让人难以想象。也有些人出于好奇心，在急切地等待着这部交响曲公演。

当申德列尔把这些消息带给他时，他显得十分平静，但仍下不了决心马上公演这部作品。

又过了很长一段时间，维也纳简直是满城风雨地谈论着贝多芬的这部交响曲。许多人已经迫不及待了，他们再三请求申德列尔带话给贝多芬，强烈要求他亲自指挥这部交响曲演出。

"看来，演出的时机已经成熟。可是……现在还有谁愿意演奏这样的交响曲呢？再说合唱队怎么办？"贝多芬不无担忧地说。

← 贝多芬像

申德列尔说："这些都不用您担心，一切准备工作由我承担。"

"到时候真能有那么多人来听吗？我的朋友也只能坐满两排座。"

"一定会满场的，就是出于好奇心，人们也会把剧场坐满。"

"那将会是什么结果？满场都在喝倒彩吗？"

"老师，您真的老了吗？您怎么变得这么软弱？"

"不，这不是软弱，是心里没有底呀。"

可不管怎么说，经过周密的安排后，贝多芬的《第九交响曲》终于投入了排练。

1824年5月7日，晚上7点钟，穿着绿色燕尾服的

贝多芬，终于出现在皇家歌剧院的大舞台上。人们用热烈的掌声欢迎他，可他什么也听不见，只能看到人们鼓掌时的动作。他走上舞台，刚刚拿起指挥棒，台上立刻变得鸦雀无声。他在一个无声的世界里，开始驰骋自己的想象。他用力挥动起指挥棒，一个有声的世界顿时出现在人们的面前，充满激情、充满欢乐的《第九交响曲》开始了。

音乐首先展示给人们的，是一个艰苦斗争的情景。它似乎在告诉人们，苦难、悲伤和忧愁蹂躏着这个世界，我们只有通过勇敢的斗争，才能战胜它，才能赢得自由。按照以往交响乐的创作原则，第一乐章结束后，接下来应该是一个抒情的慢板乐章。可贝多芬没有这样做，他打破以往的老框框，根据内容的需要，把它写成了一个快速进行的急板乐章。通过这个乐章，他鲜明地告诉人们，一个真正的英雄，应该具备开朗、乐观、积极向上的精神。只有具备了这种精神，才能战胜一切灾难和不幸。

后来证明，贝多芬的这种大胆创新和改革，不仅没有遭到人们的反对，反而受到了热烈的赞扬。

第三乐章更是出人意料地变成了一个富于哲理的慢板乐章。作者用变奏曲式和低沉委婉的音调，描述着人们在探索、寻求真正的人生之路。第四乐章，加入了合唱。这是个全新的乐章。它既是整个交响曲的总结，也是贝多芬一生的总结。乐章一开始就用铜管乐器吹出了一个惊心动魄的主题。接着，贝多芬用乐器与乐器之间的对话方式，来解释自己作品的内涵。他告诉人们为什么要把人声（合唱）加进交响乐里，同时一石三鸟地表达出他真正要告诉人们的思想是什么。

铜管乐器洪亮的主题奏出后，低音乐器立即对答说："是的，今天确实是个胜利的日子，应该用歌唱和舞蹈来欢庆一番。"接着，第一个乐章的主题出现了。可低音弦乐器立即反映说："不，这个不行！要更欢快些的。"于是，第二乐章那个快速进行的主题出现了。可这个主题再次遭到了低音弦乐器的拒绝："不！这个也不行！这个还不够劲儿，来个更深刻一点的。"接着，第三乐章的主题吹奏了出来。回答仍然很不满意："这个也不行！我看，干脆!还是唱起来吧！乐队，请您来个漂亮的引子，让我们放开歌喉，唱给大家听吧！"

于是，木管乐器奏出了《欢乐颂》的引子，接着，人声出现了。那以德国诗人席勒的《欢乐颂》为歌词的歌声震撼着每个人的心。

欢乐！

欢乐！

欢乐女神，圣洁美丽，

灿烂光芒照大地。

我们怀着火样的热情，

来到你的圣殿里。

你的威力能使人类，

→维也纳新年音乐会

重新团结在一起。

在你温柔翅膀之下，

普天下人成兄弟。

那雄浑庄严的大合唱，使所有在场的人热血沸腾……

演出结束了。场内出现了什么情景，他一无所知。他仍然面对着乐队和合唱队，呆呆地站立在那里。他看到乐师们都站了起来，不停地用琴弓敲击着琴背。所有的人都在目不转睛地望着他。他不知道大家为什么这样看着他，他觉得乐师们应该面对观众或收拾起乐谱退场了，可他们谁也没有动。突然，乐师们不约而同地把乐器放在了座椅上，与合唱队员们一起用力鼓掌，向着贝多芬鼓掌。

这时，一位女高音歌手从合唱队中走出来。她走到贝多芬身边，轻轻拉起他的手，让他慢慢转过身来。场内的情景，使他惊呆了。他看到座无虚席的剧场内，无数双眼睛在注视着他。他看到人们在激烈地挥动着手臂，脸上流露着激动的表情，在经久不息地向他鼓掌、欢呼。

有人一边欢呼一边跳跃着，有人竟泪流满面，失声痛哭，人们开始逐渐地向台前涌动。前几排的人已

经拥上舞台，把贝多芬紧紧包围起来。许多人向他伸出手，争先恐后地与他握手，向他表示祝贺。有人挤上前来，为他戴上花环，或为他献上一束束鲜花。

54岁的贝多芬垂下了那白发苍苍的头。此刻，谁能猜到老音乐家在想些什么呢？也许他的心已经飞回了自己的童年，飞到了莱茵河畔。他想起了自己童年时期那些苦难的经历，想起了自己的启蒙老师内弗，想起了自己善良而不幸的母亲。他在心中轻声对母亲说："妈妈，您今天高兴吗？我现在很后悔，当初没能告诉您，我将来会有这样一天的。"老作曲家的思绪，飞得很远很远，很高很高……

《第九交响曲》是贝多芬一生创作的顶峰。罗曼·罗兰在评价这部交响曲时说，还有什么事情能与这场成功相比呢？与这部超人的交响曲所取得的辉煌成就相比，拿破仑那一次次战役所取得的胜利算得了什么？人们从这部作品中获得了多么大的鼓舞啊！这位饱经苦难、贫病交加、孑然一身、被生活夺去了一切欢乐的巨人却创造出巨大的欢乐来，献给全世界的人。

打那以后，贝多芬又活了3年，就离开了这个给他带来众多苦难，同时也给他带来无限欢乐的世界。

《欢乐颂》

《欢乐颂》，又称《快乐颂》（德语为An die Freude），是在1785年由德国诗人席勒所写的诗歌。贝多芬为之谱曲，成为他的第九交响曲第四乐章的主要部分，包含四个独立声部、合唱、乐队。而这由贝多芬所谱曲的音乐（不包含文字）成了现今欧洲联盟的盟歌。

作品大约创作于1819到1824年间，是贝多芬全部音乐创作生涯的最高峰和总结。D大调，4/4拍。这是一首庞大的变奏曲，充满了庄严的宗教色彩，气势辉煌，是人声与交响乐队合作的典范之作。通过对这个主题的多次变奏，乐曲最后达到高潮，也达到了贝多芬音乐创作的最高峰。乐章的重唱和独唱部分还充分发挥了四个声部演唱者各个音区的特色。所以，《第九交响曲》也称《合唱交响曲》。

贝多芬与他"不朽的恋人"

当我初次见到他时，整个世界在我面前消失了。他使我忘记了一切。……我敢断言，这个人远远地走在了现代文明的前面。

——勃朗泰诺

贝多芬死后，在整理他的遗物时，人们意外地在一个极其秘密的抽屉里，发现了3封没有收信人姓名的书信。由于这3封信是写给他的一位恋人的，因此人们称它为"情书"。

这3封情书的发现，引起了世界上许多研究贝多芬的专家、学者们的兴趣。由于贝多芬终生未婚，这就更加引发了一些人的好奇心。他们花费大量时间，大量心血，进行反复调查，考证，想从中得出结论——这3封情书，到底是写给谁的。可至今160多年过去了，还仍然是个谜。

由于3封情书，不仅没有标明收信人的姓名，也没有标明写信的年代。这就给研究工作带来了很大困难。在情书中留下的唯一线索是，上面写有"7月6日""星期一的黄昏"等字样。许多传记作家就根据这唯一的线索，几经周折，几经推算，最后证明，在贝多芬几次主要的恋爱生活中，只有1801年的7月6日，是个星期一。总算找到了一个突破口。

翻开众多的贝多芬传记以及浩如烟海的有关贝多芬的史料文字，人们清楚地看到，1801年的贝多芬，正热恋着格维查第伯爵的女儿朱丽叶坦小姐。

事情的经过是这样的。

1800年，贝多芬结识了勃伦斯维克伯爵的长子弗兰茨·勃伦斯维克，并应邀来到勃伦斯维克家的领地科罗姆帕做客。在这里，他认识了弗兰茨的3个妹妹：黛莱丝、约瑟芬和夏绿蒂。其中，黛莱丝和约瑟芬都成了他的学生，向他学习钢琴。

在不断的交往中，贝多芬发现勃伦斯维克家族的人与其他上流社会家庭中的人大不相同。他们相亲相爱，互相尊重，平等相处。每个人都有自己鲜明的个性，并敢于发表各种不同见解，毫无其他贵族家庭中那种压制民主，死气沉沉的空气。

勃伦斯维克家的人，一年大部分时间生活在科罗姆帕。在科罗姆帕花园的中心地带，有一块由高大椴

树围绕成的小草坪。弗兰茨和他的妹妹们，从儿时起，就经常在这里玩耍。长大后他们经常在这里讨论一些大家都感兴趣的问题，谈各自的理想和追求。时间长了，他们就把这块小草坪称为自己的"小天国"，几乎每天都到这里来。

有一次，夏绿蒂没有来，哥哥弗兰茨在周围的椴树群中为她选了一棵椴树，说："今天夏绿蒂没有来，那就让这棵椴树代表她参加我们的聚会吧。"

这一举动，深深启发了黛莱丝，她说："这个办法真好。干脆，我们每个人都选一棵自己的椴树作为代表，不好吗？"这一提议，立即受到大家的赞同。于是，大家在周围的椴树中，各自选了一棵自己喜爱的椴树，并以自己的名字命了名。

→位于维也纳的贝多芬塑像

后来，这个兄妹小团体有了扩大，扩大到了他们最亲近的朋友中间。首先加入进来的是弗兰茨的表妹朱丽叶坦小姐，她也有了自己的一棵椴树。贝多芬应邀拜访科罗姆帕时，也被吸收了进来，也有了自己的一棵椴树，而且与朱丽叶坦的紧紧相依。

就在这棵椴树下，他们相爱了。他们爱得有多深，他们的诺言有多真，只有这两棵椴树是最好的"见证人"。

一天深夜，贝多芬踏着轻柔的月光，徘徊在那片让他流连的"小天国"里。他在等着朱丽叶坦的到来。可是，她没有来。他又踏着月光，来到朱丽叶坦的窗前。突然，从朱丽叶坦的房间里传来一阵悠扬的琴声。那琴声犹如明亮的月光，穿透了贝多芬的心。他听出那是朱丽叶坦在弹琴，是她在望着明月，抒发内心的恋情。贝多芬急忙跑上楼去，他轻轻推开了房门。朱丽叶坦发现有人来了，便停住了演奏。贝多芬惋惜地说："别停下，不要停下，这么动听的音乐，怎么能让它停下呢。"

朱丽叶坦说："可这是我随便弹的。"

"不，您是在跟月光说话，您是在抒发您心中像月光一样纯洁的感情。"贝多芬走到钢琴旁，"来，让我接着弹下去。"

　　说着，他坐到琴边，接着朱丽叶坦的情思即兴弹奏起来。那琴声，使两个人的心紧紧贴在了一起；那月色，使两个人的爱完全交融在了一起。这就是著名的《月光奏鸣曲》。1802年3月，当贝多芬把这部作品交给出版商出版时，他在上面题写上了"献给朱丽叶坦·格维查第"的字样。

　　离开科罗姆帕，贝多芬苦苦地思恋着朱丽叶坦。朱丽叶坦也深深地思恋着他。可是，一个贵族小姐怎么能嫁给一个贫民出身的音乐家呢？他们的爱情遭受到了等级观念的无情打击和旧习俗的摧残。

　　贝多芬在痛苦的思念中，在两天之内，写下了这3封充满真情的书信。

　　第一封写于(1801年)7月6日早晨。

　　　7月6日，早晨。我的天使，我的一切。今天只写几句话，而且是用铅笔写。虽然我不在你身边，可不论何时，或在任何情况下，我都是属于你的。不知为什么，当需要勇气的时候，会陷入这样沉重的悲哀之中。难道我们的爱情不超越牺牲，就不能存在下去吗？若是这样，那我们还能得到什么呢？……虽然你并不完全属于我，可我却完全属于你。啊，快到大自然当中去吧，设法使你的心平静下来。爱情总是探求着所能得到的一切，这是必然的，无论是你，还是我。可是，无论如何不要忘记，我是为了我，也为了你，才活下去的。如果我们不是这样完全地结合在一起，你对于这种痛苦，是不会有比我更深的体会的。我的这次旅行，真是可怕。我是昨天清晨4点钟，才到达这里。因马匹不足，我是坐邮递马车到这里来的。道路简直糟透了。在到达这里的前一站，天就黑了。有人劝告我，最好不要深夜行车，那将是一件十分可怕的事。他们还讲出许多有关森林里的恐怖故事吓唬我。没想到，这反而增加了我的勇气。可到底我还是失败了。马车因道路过于崎岖坏在了路上。幸亏马车夫很老练，不然真不知该如何是好。从前艾斯塔在另一条路上，也遇到过同样的情况，吃过同样的苦头。可那时他坐的是8匹马的马车，我这次只有4匹马。……好了，还是闲话少说，言归正传吧。反正再过几天，我们就能见面了。现在我没有办法能告诉你我所想的一切。这些日子，关于自己的生活，我想了许多许多。如果我们的心，能时常紧密地结合在一起，那么我

就想不出还有什么比这更美好的事情来了。现在，我的心里，装满了想要跟你说的话。啊，有时我又觉得，语言实在是多余的。我要安慰的是你的心灵。你永远是我唯一的真实的宝贝，也是我的一切。正如我是你的一样。此外，上帝会赐给我们所要的一切的。

你忠实的路德维希

第二封信，写于同一天的黄昏。

7月6日，星期一，黄昏。你一定很苦恼，我最亲爱的。这时我才想到，信件必须一大早就投递出去。因为邮差前往K城送信，只有星期一和星期四两天。啊，我究竟在哪儿？是否和你在一起？为了你和我，我必须努力工作，只有这样，我们才能共同生活。那该是多么美好的生活啊！除此之外，我还需要什么？没有你，别人的关怀，都是无济于事的。我也无意接受别人的关怀，也没有资格接受。……每当我想到宇宙和自己的关系时，我就问自己，我究竟是什么呢？像我们认为是崇高的东西，又是什么呢？

大约在星期六的早上，你就可以收到我最先寄给你的那封信了。当我想到你拿到这些信时的情景，想到你如何爱着我的时候，我情不自禁地流出了泪水。可见我更深更深地爱着你。你千万不要把心中所想的事情，对我有丝毫隐瞒。那么，请安睡吧。我为了自己的健康，也须早睡。啊，上帝！我们近似咫尺，却远如天涯。我们的爱情是否栖息在太空中？它是否能够像无尽的天穹那样，永远不变？

第三封信写于第二天的早晨。

7月7日，早安。还在床上的时候，我就被各种思绪袭拢着。啊，我不朽的恋人。我想着，幸运是否会在我们悲喜交加的时候，突然降临到我们头上。我静静地等待着。这是我能否与你生活在一起，或必须离开你孤独度过余生的问题。如果我必须离开你，我就流浪到遥远的地方去。也许只有这样，才能飞奔到你的怀里。我深信，只有和你生活在一起，才能有真正的生活。只有你拥抱我的时候，我的心才真正回到了心灵的王国。……我恳求你，快使自己的心平静下来，

才能了解我对你的一片真情。除了你，其他任何事物，都夺不走我的心。绝对不能！绝对不能！啊，上帝！我为什么必须和自己所爱的人分别？让我在V城的生活，变得这样悲惨。你的爱，使我得到了幸福，同时也使我变成了最不幸的人。到了我这样的年龄，人所期望的是能过上平静而踏实的生活。可从目前情况来看，这有可能吗？我的天使啊，我每天都在注视着邮差的到来，等待着你的信。为此，我不得不暂时留在这里。不久，你就会收到我的信了，请静心等待吧。只有沉静下来认真思考，我们才能想出共同生活的办法。请安静地想想吧。爱我吧，今天，明天，对你那赤诚的爱情来说，只有你，只有你才是我的生命，我的一切。再见，啊，永远爱我吧。请不要怀疑，你的路德维希是真心爱你的。爱，永远是你的，永远是我的，永远是我们俩人的。

　　假如朱丽叶坦真是贝多芬信中所提到的"不朽的恋人"的话，我们从这三封信中，不难看出，贝多芬那颗易于燃烧的心，被朱丽叶坦的爱情之火点燃了，而且烧得很旺。可是，朱丽叶坦才仅仅17岁，而贝多芬已经32岁了。加上出身的差异，朱丽叶坦的父亲——格维查第伯爵极力反对，使贝多芬的梦想难以成真。

1802年，贝多芬因耳病来到维也纳郊外的村庄。不久，他就收到了朱丽叶坦的分手信。1803年，朱丽叶坦与一位名叫嘉伦堡的伯爵结婚。嘉伦堡是一个剧团的经理，有时也写些舞蹈小曲。后来他们的生活并不美满，有时还过得十分清苦。朱丽叶坦曾利用她与贝多芬的爱情关系，请求过他的帮助。贝多芬委托朋友给他们送去了500弗洛林。贝多芬曾多次向朋友们表白，他一直对朱丽叶坦怀有真挚的感情。所以，有人把"不朽的恋人"确定为朱丽叶坦，是有道理的。

可也有人认为，贝多芬信中提到的"不朽的恋人"，不是朱丽叶坦，而是科罗姆帕"小天国"里的另一个成员，即勃伦斯维克伯爵的女儿、弗兰茨的妹妹黛莱丝·勃伦斯维克。

贝多芬在结

←维也纳金色大厅

识朱丽叶坦之前，就与黛莱丝的哥哥弗兰茨成了好朋友。可那时黛莱丝还是个小姑娘，贝多芬受邀担任她的音乐教师，并教授她钢琴。渐渐的黛莱丝从心里爱上了他。这件事被母亲发现后，曾严厉地训导她，你可以爱一切人，可不能嫁给一个穷音乐家，这样做是不光彩的。可她还是迷恋贝多芬。

无奈，贝多芬每次上课，母亲都坐在隔壁房间里，并打开中间的房门，监视他们的一举一动，不许他们有任何越轨行为。可上课以外的时间呢？母亲就无法监视了。

那是一个星期天的晚上。母亲早早安睡了，贝多芬和弗兰茨、黛莱丝坐在客厅里。贝多芬坐在钢琴旁，借着透过窗来的明亮月光，把双手平放在琴键上，来回抚摸着。这是他开始演奏前的习惯动作。接着，他弹起了一首抒情小曲，这是约翰·塞巴斯蒂安·巴赫的一首情歌。曲调幽深而神圣。弗兰茨全神贯注地倾听着，黛莱丝也早已被琴声陶醉了……

就在那天晚上，1806年5月一个星期天的晚上，黛莱丝在哥哥的支持下，与贝多芬订了婚。

这突如其来的幸福，使贝多芬简直变成了另外一个人。人们发现，他突然变得文雅起来。说话彬彬有礼，待人和蔼耐心。穿着也比以前讲究了。那时，他正在创作《第五交响曲》，正在与一步步逼近他的不幸命运进行着搏斗。可他突然停下第五交响曲的创作，开始写作充满温馨气息的《第四交响曲》。并一气呵成，把自己充满欢乐的爱情体验全都写了进去。

这时，他还创作了富于幻想色彩的《第17钢琴奏鸣曲》，题献给了黛莱丝，还把《热情奏鸣曲》题献给了弗兰茨。

贝多芬与黛莱丝整整相爱了4年，最后还是分手了。

是什么理由使他们未能获得最终的幸福呢？是财产、地位的不同？是过于漫长的等待？还是有了婚约又要长期保守秘密给贝多芬带来的屈辱？还是他病情的不断恶化和暴烈脾气的不断发作？……

不管怎么说，他们分手了。然而，在后来的岁月里，他们又谁也没有忘记这段珍贵的恋情。黛莱丝一直珍藏着贝多芬送给她的麦菊花，直到生命的最后一息。贝多芬一直把黛莱丝的肖像画挂在自己的寓所里，每次见到"她"，都自言自语地说："看你多美，多伟大，像天使一样。"

可这"不朽的恋人"到底是谁呢？是朱丽叶坦？是黛莱丝？还是别的什么人？恐怕将永远是个谜。

相关链接
XIANGGUAN LIANJIE

《致爱丽丝》

《致爱丽丝》是贝多芬创作的一首钢琴小品。贝多芬一生没有结过婚，但是，他一直盼望着能得到一位理想的伴侣。因此，这类事在贝多芬的生活中也有些浪漫色彩的故事流传。1808—1810年间，贝多芬已经是近四十岁的人了。他教了一个名叫特蕾泽·玛尔法蒂的女学生，并对她产生了好感。在心情非常甜美、舒畅的情况下，他写了一首《致特蕾泽》的小曲赠给她。1867年，在斯图加特出版这首曲子的乐谱时，整理者把曲名错写成《献给爱丽丝》。从此，人们反而忘记了《致特蕾泽》的原名，而称之为《致爱丽丝》了。

《月光奏鸣曲》

这部作品有三个乐章：第一乐章，那支叹息的主题融入了他的耳聋疾患，忧郁的思绪。而第二乐章表现了那种回忆的甜梦，也像憧憬未来的蓝图。第三乐章，激动的急板。而这部作品最美丽的，便是第一乐章，让人想起月光。

贝多芬的晚年

能把生命活上千百次有多美。

——贝多芬

　　1827年3月26日，下午4点左右，天空突然阴云密布。转瞬间，暴雪骤起，雪中还夹杂着冰雹。大地好像变成了一面鼓，残酷的冰雹无情地敲击着这面鼓。又像是敲击着通往另一个世界的大门。处于弥留状态的贝多芬心中又响起了《第五交响曲》中命运的主题。

林中的贝多芬

是啊，这次可真是命运在敲击死亡的大门了。

贝多芬已经卧床3个多月。1826年11月，由感冒引起，他患了严重的肋膜炎。为治疗方便，他不得不从乡间赶回维也纳。在回城的路上，为了省钱，他雇了一辆运送牛奶的敞篷马车，结果，遭到一场暴雨的袭击，又得了肺炎。回到城里，一病就再也没有起来。

朋友们时刻关心着他的健康，家乡波恩的人送来了莱茵酒，可他只能喝上一两口。还有人给他送来了海顿故居的油画和《海顿作品集》，这些都给他带来了莫大的安慰。

然而，能经常守护在他身边的，却只有他的一个侄儿卡尔。

一天，他觉得有些不适，便叫卡尔去请医生。哪承想，这个昏了头的家伙，刚走出家门，就钻进了弹子房，当他想起为伯父请医生的事时，已经两天过去了。他急匆匆请了一个庸医来到贝多芬面前，贝多芬已经严重水肿，神志不清了。即使用针管抽水，也变得无济于事。弥留之际，他想起了家乡波恩，想起了碧波荡漾的莱茵河，想起了那里的亲人和朋友们。他想起了里斯，想起了申德列尔，想起了他想最后再见上一面的所有的人……

突然，云缝中亮起一道闪电。这闪电，照亮了贝多芬那张苍白的脸。只见他握紧拳头，挥动手臂，竭尽全力喊道："喝彩吧！朋友们，喜剧终场了！"这就是他留给世界的最后一句话。就这样，他带着无限思念离开了这个世界。

成千上万的人陪伴他走完了他在人世间这最后的一段路程……

谁说世上只有一个太阳？贝多芬用自己的音乐点燃了人们精神上的另一个太阳。它照耀着我们一代又一代的人，战胜各种灾难、痛苦，和命运的挑战，走向成功，走向光明，走向欢乐！